JN128314

FACT CHECK

ファクトチェック最前線

フェイクニュースに
翻弄されない社会を目指して

立岩陽一郎［著］

あけび書房

まえがき

「立岩陽一郎って馬鹿なの？　国連の登録名が「北朝鮮」「南朝鮮」

最近、ツイッターで批判されることの多い私ですが、これはそのひとつです。このツイートは、私が日刊ゲンダイに連載している「ファクトチェック・ニッポン」で、「北朝鮮」という呼称を使うことを止めるべき、と書いたことに対する意見かと思われます。

この記事で私は次の点を指摘しました。

北朝鮮とは朝鮮民主主義人民共和国を略したものとして使われていること。その国の人々は、この北朝鮮という呼称を好ましく思っていないこと。通常、正式名称を略する場合、「北」といった新たな言葉を加えることはないこと。また、北朝鮮という国名は、かつての西ドイツと東ドイツのように、南朝鮮という国名があって初めて意味をなすこと。そして、日本では南朝鮮とは言わず、韓国と言っていること。

そのうえで、略するなら「朝鮮」が妥当である、と書きました。

時あたかも、安倍総理が日朝交渉に前向きな姿勢を示した時でしたから、「安倍総理は日本テレビの取材に、無条件で日朝交渉に応じる考えだと語ったそうだ。では、ひとつアドバイスしたい。まず、北朝鮮との呼称をやめるべきだ。そうした小さな取り組みもできないようでは、相手側に対話の機運は生まれない」と指摘しました。

前記のツイートをされた方は、その内容が気に入らなかったのでしょう。もちろん、私の意見を批判するのは自由ですし、批判は歓迎します。しかし、「国連の登録名が「北朝鮮」「南朝鮮」」というのは事実ではありません。

これは、国連のウエブサイトを確認すればすぐにわかることです。国連の加盟国のところには、「Democratic People's Republic of Korea」と書かれています。これが登録名です。

ちなみに、自由奔放な発言で知られるアメリカのトランプ大統領は時折、ＤＰＲＫを使います。これが正しい略だからです。もちろん、North Koreaとも言いますが、これは西ドイツ、東ドイツのケースと同じで、英語では、普通に朝鮮半島の南北を、South KoreaとNorth Korea と言い分けているので、自然なことです。

ツイートの話に戻りましょう。

私は、「国連の登録名は「北朝鮮」」と書いた方に、「国連のホームページを確認してください。登録名は「北朝鮮」ではありませんよ」と書いて送りました。さらに、「会って話しませんか?」とも送りました。もちろん、どこに住んでいる方か全くわかりません。今後その方から返事が来るかどうかはわかりませんが、どういう意図で簡単にわかる嘘を流すのか知りたいところです。

さて、今私たちが住む社会は情報が氾濫する社会と言われます。「氾濫」という言葉が意味するように、それは好意的な受け止めではありません。そこには、多くの情報が飛び交うということ以上に、前記のように情報の中に真偽不明なもの、事実と異なるものが含まれているという問題があるからです。

その典型的なケースが、「フェイクニュース」と呼ばれる虚偽の情報です。

フェイクニュースとは虚偽の情報を意図的に流す行為ですが、単に誤解に基づくものや事実誤認による間違った情報もあるでしょう。冒頭の、「国連の登録名は「北朝鮮」「南朝鮮」」はこれに該当するかもしれません。加えて、一つひとつの情報は事実ではあるものの、その組み合わせを意図的に変えることで事実と異なる内容を伝えるミスリードなものもあります。当然、半分は事実ですが、半分は事実ではないというものもあるでしょう。

いろいろな情報が錯綜していて、何が正しくて何が間違いなのか判然としない社会。それを我々は「情報が氾濫する社会」と見て、危機感を抱いているわけです。

こうしたなかで、注目を集めているのがファクトチェックです。事実を確認する取り組みです。

世界の多くの国や地域で活発におこなわれるようになっています。それは難しい作業ではありません。この本はそれを説明するものです。

例えば、悪質なフェイクニュースを法律で規制する動きもあります。社会に混乱を招き、人々を不幸にするような虚偽の情報を流す人を法律によって罰するというものです。それは一定の成果は得られるでしょうが、同時に、極めて強い副作用を社会にもたらします。規制の範囲は自然と広がってしまい、憲法の保障する表現の自由が不当に制限される事態を招く恐れがあるからです。

「これを言ったらフェイクニュースだろうか？　逮捕されてしまわないだろうか？」

そう思って疑心暗鬼になるような社会は健全とは言えません。できれば、法規制ではなく、人々がその都度、事実関係を確認していくことが望ましいと思います。そうすれば、フェイクニュースは発されても、少なくとも拡散を防止することは可能です。

つまり、フェイクニュースや事実誤認の情報が発信された時、それを規制するのではなく、私たちが自ら事実関係を確認して、間違いだとわかればそれを指摘するのです。「国連の登録名は「北朝鮮」」かどうか、国連のウエブサイトを確認すればすぐにわかることです。そうした作業を常におこなって、指摘するのです。

繰り返しになりますが、それは難しい作業ではありません。

この本の狙いは、皆さんにファクトチェックを知ってもらい、それに取り組んでもらうことにあります。

さぁ、皆さん、一緒にファクトチェックに取り組みましょう。

2019年5月18日

立岩陽一郎

もくじ

ファクトチェック最前線

３章　総選挙でのファクトチェック

1章 ファクトチェックとは何か

●ファクトチェックの定義

「ファクトチェックとは何でしょうか？」

ファクトチェックに関する本『ファクトチェックとは何か』（共著、岩波書店）を書いた時、私はこの言葉から書き始めました。そして、

「そう尋ねられて即答できる人は少ないと思います。まだ日本では聞き慣れない言葉かもしれません。ファクトチェックは英語のfact checkから来ており、外来語です。しかも、比較的新しく入ってきた言葉です」と続けています。

本はファクトチェックについて専門的にまとめた最初のガイドブックだったかと思います。出版は2018年4月のことでした。今はどうでしょうか。もう少し知られた言葉に

なっているのではないでしょうか。カタカナでファクトチェックと書いて、そのまま意味は伝わるでしょうし、「事実の確認が関係している」ことくらいはイメージできるのではないでしょうか。

私が初めてこのファクトチェックという言葉を耳にしたのは２０１１年、アメリカで生活していた時のことでした。

ワシントンＤＣにあるアメリカン大学で客員研究員として在籍していた私は、当時アメリカで始まった新たなメディアの活動を調べていました。それは、社会に埋もれた問題を掘り下げる調査報道を専門とし、調べた結果を自前のウェブサイトで発表する新興のメディアでした。この調査報道についてはファクトチェックと関連するので後に触れますが、そうした新たなメディアの活動を追うなかで、ファクトチェックという取り組みもおこなわれていたのです。

私が見たのは、後にパナマ文書の報道で世界に知られるようになるＩＣＩＪ（International Consortium of Investigative Journalists＝国際調査報道ジャーナリスト連合）を傘下に置いていた（後にＩＣＩＪは独立）ＣＰＩ（Center for Public Integrity）という団体によるファクトチェックで、２０１１年1月のオバマ大統領の一般教書演説に対するものでした。

一般教書演説はアメリカの大統領がその年の方針を示すもので、連邦議会でおこなわれます。その連邦議会議事堂から車で10分もかからないCPIのオフィスにデスクや記者など5人ほどが集まり、大統領の演説を待っていました。

私は邪魔をしないことを条件にその部屋にいさせてもらったわけですが、全員がまだ始まっていない大統領の演説草稿を手にしていたので、質問せずにはいられませんでした。

「演説草稿は既に入手しているのですか?」

デスクの一人は元AP通信のワシントン支局にいたベテラン女性記者で、「ええ、昔のつてで送ってもらいました。主要メディアは演説が始まる数時間前には演説草稿を入手しています。うちは少し遅れたけど」と話してくれました。

恐らく新聞は演説草稿をもとに記事を書き始めるのでしょう。予定稿と言われるものの準備です。ただ、実際に大統領が草稿どおりに読むかはわかりません。だから準備をしながら、大統領の発する言葉を注視することになります。ファクトチェックでも同じでした。既に、草稿を基に記者が事実関係を調べる作業が始まっていました。

夜になり、テレビでは議会にオバマ大統領の姿が映し出されました。事前に草稿は各自のパソコンに入っており、記者はそれをスクロールしながらチェックできるようになっています。そして、オバマ大統領の演説が始まりました。

先ほどの女性デスクは、そのスクリプト（草稿）どおりにオバマ大統領が語っているかをチェック。その横で記者が、オバマ大統領が発言し終えたところまでをウェブサイトにアップしていきます。

そこにファクトチェックの内容が書き込まれていきます。例えばこうです。

「再生可能エネルギーへのシフトによって新たな雇用を生み出します」

オバマ大統領がそう語った時です。記者の一人が、「再生可能エネルギーについてチェックしています」と声を出します。その内容を打ち込み、それをデスクが了承すると画面に反映させます。しばらくすると画面に、「太陽光パネルなどのビジネスはその多くが中国になっており、再生可能エネルギーを進めても、アメリカの雇用環境が良くなるかは不明」と書き込まれていました。

デスクのとっさの判断でファクトチェックがおこなわれることもありました。この年の演説では韓国への言及がかなりにのぼりました。何度か目に韓国に言及した際、さきほどの女性デスクが、「韓国への言及が最終的に何度になったか、それも書き込みましょう」と指示。これは簡単です。演説の終わりに、発言中の South Korea の数を数えるだけのことです。

このファクトチェックはオバマ大統領の演説が終わった後、当時は野党だった共和党のライアン歳出委員長（当時）の発言についてもおこなわれ、その両方がウェブサイトに掲示されました。

公職に就いている人物の発言を、発言したままに伝えることがメディアの役割だと認識されている日本から来た私にとって、発言の脇から事実関係をファクトチェックすることに驚かされました。ただ、その時の私は、自分がその後、自らファクトチェックをおこなうことになるとも、そもそも日本でファクトチェックがおこなわれることになるとも思いませんでした。


実は、当時はアメリカでもファクトチェックは珍しい取り組みでした。それから時間が経ち、ファクトチェックは更に馴染みのあるものになると同時に、その取り組みも多様化しています。ＣＰＩのおこなっていた公職にある人の発言を、その発言の直後から検証するのもファクトチェックですし、もう少し時間をかけて検証し、そのうえで、レーティングという評価をおこなうのもファクトチェックです。今では、後者の方がファクトチェックとしては一般的かもしれません。

ファクトチェックはまだ日本の辞書には載っていませんが、英語の辞書には載っています。「事実を検証するために調査する」（筆者訳：ケンブリッジ辞書）などと書かれています。インターネット上で使われる言葉に詳しいDictionary.com はもう少し詳しく、「文章や発言についての事実の正確性を確認する。多くの場合、調査や報道の一環としておこなわれる」（筆者訳）となっています。動詞の他、名詞としても使われると書いています。

ファクトチェックの定義としては、このくらいで良いのかもしれません。次の章から、具体的な取り組みに即してファクトチェックについて説明するわけですが、ファクトチェックそのものも模索が続いています。

最後の章では世界のファクトチェックについて説明しますが、その国その国にあったファクトチェックの追求もおこなわれています。ですから、定義としては、「発言や情報が事実か否かを確認する」という程度に理解していただければ良いかと思います。

ちなみに、辞書では、関連語としてファクトチェッカーという名詞、ファクトチェッキングという動名詞があると書かれています。ファクトチェッカーとは、ファクトチェックをする人のことを指します。ですから、私はファクトチェッカーです。

これを読んでいる皆さんも是非、ファクトチェッカーになってほしい、そう思ってこの本を書いています。

●フェイクニュースとファクトチェック

ファクトチェックという言葉に馴染みのない人でも、フェイクニュースという言葉を聞いたことのある人は多いのではないでしょうか。フェイクニュースとは、嘘の情報、嘘のニュースのことです。

ファクトチェックはこのフェイクニュースへの対策として語られることがあります。ある情報が流された時、それをファクトチェックすると、それがフェイクニュースであることがわかることがあります。つまり、ファクトチェックは情報の嘘を見破ることもあるということです。フェイクニュースが大きな問題となっている今、ファクトチェックがフェイクニュースをなくす取り組みとして期待されていることも事実です。

ただ、オバマ大統領の一般教書演説のファクトチェックの事例でわかるとおり、ファクトチェックは嘘発見器というわけではありません。もともと、そういう取り組みとしておこなわれたわけでもありません。

それは実際の取り組みの事例の時に説明しますが、事実かどうかを検証する対象は、実際には虚偽の情報だけではありません。言葉足らずな発言ということもあるでしょうし、説明不足といったものもあるでしょう。

また、事実ではなかったものの、虚偽、つまりフェイクニュースとは言えないものもあります。例えば、勘違いです。勘違いや事実誤認はフェイクニュースではありません。極めて重要な点ですので、ここでフェイクニュースについても整理しておきましょう。

フェイクニュースを辞書で調べると以下のようになります。ケンブリッジ辞書では、「インターネットなどのメディアを通じて拡散するあたかもニュースのように見せる事実ではない話。通常、政治的な意見を広めるためやジョークとして発せられる」（筆者訳）としています。そして、例として、「選挙結果を左右するフェイクニュースの威力について懸念が生じている」（筆者訳）という文章が添えられています。この説明の、「ジョークとして」の部分には違和感を覚えますが、当初はさほど深刻にはとらえられていなかったのかもしれません。

フェイクニュースと言えば思い起こされるのはアメリカのトランプ大統領です。自分に批判的なメディアの報道をフェイクニュースだと批判し、その発言は日本を含め世界で報じられました。大統領に当選して初めておこなった記者会見で、ＣＮＮの記者が質問をしようとしたところ、「君らはフェイクニュースだ」と批判して質問をさせなかったことは記憶に新しいでしょう。

ところが、実際にはそのトランプ大統領の発言の多くがフェイクニュースだとする指摘がなされています。例えば、トランプ大統領は大統領選挙時に当時のオバマ前大統領から盗聴されていたとする発言をしています。また、中南米からの入国者が米国で犯罪をおこなっているとする発言を繰り返しています。これらは全て自国の当局によって否定されていますが、それでもこの種の発言を止めません。２０１８年11月の中間選挙では、メキシコとの国境に壁がないために麻薬がアメリカに持ち込まれていると主張して国境に壁を作る必要性を訴えましたが、麻薬の多くは正規の入国管理施設で検査をすり抜ける形で持ち込まれている、と専門家が指摘しています。

また、トランプ大統領が当選した２０１６年の大統領選挙でも、「ローマ法王がトランプ氏を支持」というフェイクニュースが流れ、拡散しました。これがどれだけ選挙結果に影響を与えたのかは定かではありませんが、一定程度の有権者の投票行動に影響を与えたと見られています。

実際に、こうした偽の情報は、ファクトチェックをおこなうメディアによってフェイクニュースであることが明らかにされています。その結果もあって、ファクトチェックがフェイクニュースの対策として注目されるようになったのも事実です。

ただ、現実にはフェイクニュースの数は膨大です。一方、ファクトチェックをおこなうメディアはそれに対応するだけの態勢にありません。理由は簡単です。フェイクニュースは簡単に作れるからです。例えば、「ローマ法王がトランプ大統領を支持」というフェイクニュースを流すのにかかる時間はものの数秒でしょう。そして、フェイクニュースは瞬く間に拡散されます。

一方、それをファクトチェックするのは簡単ではありません。ローマ法王庁に取材をしなければなりません。取材をして返事を得るのにも時間がかかるかもしれません。こうしたことから、「ファクトチェックにはフェイクニュースを止める力はない」とか「ファクトチェックに意味はない」といった意見も散見されます。

それについては本書で説明していきますが、私の考えは次のようなものです。

ファクトチェックはフェイクニュースを止める特効薬ではありませんし、そもそもフェイクニュースをなくす目的でおこなわれるものではありませんが、長い目で見ればフェイクニュースをなくすための薬になるということです。多くの人がファクトチェックを意識するようになれば、人々が事実の重要性を意識するようになります。事実の重要性を意識するということは、何かの情報に接した時に、それが事実かどうかに注意を払うようになります。

多くの人が事実かどうかを確認するようになれば、その社会ではフェイクニュースが拡散する余地はなくなります。なくならないまでも、極めて限定的な影響力しか持たないでしょう。ですから、長い目で見れば、ファクトチェックはフェイクニュースをなくす力を持っていると思うのです。

●ネットのフェイクニュース

ファクトチェックがフェイクニュースの摘発、あるいは防止につながるという期待があるのも事実です。特にネット上に流されるフェイクニュースには多くの人が被害にあっています。それだけに、なんとかしたいと多くの人が思い、その期待をファクトチェックにかけるという状況はあるでしょう。

2019年4月、日本テレビの報道番組「バンキシャ」のプロデューサーから電話が入りました。昔から知るそのプロデューサーからの取材の依頼でした。

「ネット上のフェイクニュースの関係です。訴訟になっているの、ご存知ですよね?」

「ネットギーク（netgeek）の訴訟関係？」

「まさに、そのとおりです」

「大阪の選挙の時に、フェイクニュースを指摘されていましたよね？　あれをどういうふうにやったのかを取材させてほしいんです」

大阪の事務所にディレクターを派遣するので取材に応じてほしいということで、こちらとしては断る話ではないので二つ返事で了承しました
その訴訟についてネットで検索すると、弁護士ドットコムがその提訴について記事にしていました。正直、ネットが便利だと感じるのはこういう時です。別に図書館に行かずとも、大宅壮一文庫に行かなくとも、家にいながら検索ができてしまうわけです。

その一方で、フェイクニュースやそれほど悪質ではなくても事実ではない情報を掴まされる危険性も高いわけです。ネット社会の現実です。

さて、弁護士ドットコムの記事で、訴訟の内容を確認してみました。

「記事によって名誉を傷つけられたとして、ＩＴコンサルタントや大学教授ら５人が４月８日、ニュースサイト・ネットギークの運営会社とその代表者などに計１６５０万円の損害賠償を求めて東京地裁に提訴した」

記事によると、訴えているのは、大学教授、コンサルタント、会社員らの５人で、いず

れも、ネットギークに掲載された記事によって、社会的評価が低下し、名誉を傷つけられたと主張しているということです。

会見を開いた弁護団は、ネットギークの一番の問題点として、運営元や執筆者の情報を一切公開していないことを挙げたということですが、これは事実です。後述するように私もネットギークが流している虚偽の情報について取材をしようと接触を試みましたが、スタッフ採用のための電子メールしかなく、そこに取材の内容を書き込んで送信しましたが、打ち返しはありませんでした。

それでも今回提訴ができたのは、被害者の要請によって情報の開示を求めることが法律によって可能になっているからです。２００1年に成立したプロバイダ責任法です。これによって被害者が損害賠償請求をおこなう際などに、サイトに対して情報開示を求めることができるようにしたからです。しかし、取材者が勝手に情報開示を求めることはできません。被害者が裁判を起こす覚悟をして初めてネットギークの運営会社および代表の特定ができ、この訴訟につながったということでしょう。

●筆者のネットギーク取材体験

実は、私自身もこのネットギークの流したフェイクニュースを取材したことがあります。それは2017年のことで、あるテレビ報道番組のプロデューサーが在日朝鮮人だと断定したうえで、それ故に番組が反日的なものになっていると指弾する内容でした。顔写真まで掲載されていました。個人的に面識があったこともあって、このプロデューサーは在日朝鮮人ではないことを私自身が知っていました。

そこでネットギークに接触を試みましたが、サイトには住所などの連絡先、責任者の指名など明確なものが何ひとつ書かれていませんでした。既に多くの人がこのサイトを見て更に拡散している現実を踏まえると、その無責任な状況に驚かされました。

掲載している記事一覧を見ると、「IT・テクノロジー」「政治」「動物」「芸能」など、あらゆるジャンルを網羅しているようでした。

このサイトは、なぜフェイクニュースを掲載したのでしょうか？　掲載の際には、真偽を確認しないのでしょうか？　疑問が次々に湧き上がってきます。

しかし、サイトには事務所の所在地など連絡先が一切記されていません。代表、スタッフも全て匿名となっています。

このニュースは政治家によって拡散されていることがわかったので、その政治家に取材しました。2017年8月17日、大阪の帝国ホテルの喫茶室でその自民党所属の国会議員(当時)と向き合いました。過激な発言が度々問題となってきた男性議員です。

私は、その議員が拡散しているネットギークのニュースを見せて、「これは事実ではありません」と伝えました。

「事実ではないんですか?」

「そうです。そのプロデューサーは在日韓国・朝鮮人ではありません」

すると議員は、「そうですか。それは申し訳ないことをしました」と、あっさり非を認めました。

「国会議員が安易にフェイクニュースを拡散したことについてはどう考えますか?」と私は議員に尋ねてみました。すると議員は少し考えたうえで、「誠に申し訳ない。関係者の方々にはお詫びを申し上げます」と話しました。

このフェイクニュースは人種差別を助長するヘイト的な側面も持っていました。それだけに、より深刻だと言えるかと思います。まず、このプロデューサーからすれば、「私は在日朝鮮人ではありません」と言うことが一種の差別感情を助長する恐れを感じるでしょう。本来は、在日韓国・朝鮮人であることそのものは、名指しされようが問題はないはずです。「あいつは日本人だ」とか「あいつはアメリカ人だ」と仮に事実と異なる情報を流されても、それは無視すればよい話かもしれません。

しかし、現実には、「在日朝鮮人」という言葉が残念ながら、ある種の差別的な感情をもって発せられていることも事実です。このプロデューサーにも家族があります。実名で顔写真まで出て「在日朝鮮人だ」とされることで、家族も影響を受けるかもしれません。それを国民の代表である国会議員が拡散することは、極めて非難されることだと言えるでしょう。結果的にフェイクニュースを拡散することになった議員は、「国会議員だからと言って、偽のニュースかどうか判別できるわけじゃない」と語っていました。

この件は、ネットギークが、テレビ局からの指摘を受けて問題のニュースを削除して一件落着となりました。しかし、テレビ局側にも被害者のプロデューサーにも具体的な状況説明はおこなわれなかったということです。また、一度ネット上にさらされた内容を消すことは困難です。被害の回復がなされたとは言えない状況です。

「被害の当事者がフェイクニュースを相手にすることは困難だ」と、テレビ局の関係者は語っていました。それが拡散に更に輪をかけるとの懸念もあるでしょう。特に、ヘイトが絡んでいるフェイクニュースは対応すると火に油を注ぐ事態になりかねません。

そういう意味では、ファクトチェックが少しでもフェイクニュースの拡散防止に役立つなら役立てたいとは思います。


こうしたネット上のフェイクニュースでは、刑事事件に発展するケースも出てきています。俳優の西田敏行さんをめぐって、ネット上で「違法薬物を使い、日常的に暴力をふるっている」といった嘘の情報が書き込まれ、事務所の業務を妨げた偽計業務妨害の容疑で3人の男女が書類送検される事件が起きています。

こうしたなかで、政府の中でもネット上のフェイクニュースに対処する必要性が議論されています。ただ、政府による規制は一定の効果はあるかもしれませんが、逆に政府によるネットのコントロールという副作用を伴います。つまり、憲法が認める言論、表現の自由という権利の制限に道を開くものになる恐れが否定できません。

例えば、政府に対する批判が、「これはフェイクニュースだ」とされて全て削除されてしまうという懸念だって生じるでしょう。それはもう既に民主主義社会ではありません。ですから、政府が関与しない形でフェイクニュースの発信や拡散を防ぐ努力が必要なのです。

●誰でもできるファクトチェック

ファクトチェックの実施については、後で具体的な取り組みを示しつつお伝えしたいと思います。ここでは簡単に触れておきます。

まず、発言や情報の中に含まれる事実かどうか怪しい内容を見つけます。それをファクトチェックの対象言説と呼びます。それは意見や認識であってはいけません。意見や認識は、事実かどうかを確認しようがないからです。ただ、実際には、事実として語っているのか、それが意見や認識なのかは極めて微妙な場合があります。ですから、ファクトチェックは常に複数の人のチェックを受けながらおこなうことが重要です。

対象が決まれば、検証作業です。インターネットが発達した今は、図書館に行く必要は基本的にありません。ただし、課題はあります。インターネットで得られた情報はその出処を確認する必要があります。根拠が問われるからです。統計については最終的に政府機関に確認する作業も必要になります。これは電話で可能です。

そして、それらの結果を、事前に決めた評価基準にあてはめて評価します。それをレーティングと呼びます。

大事なことは、事前に設定したレーティングの中から何が適しているのかを参加者で議論します。そして、参加者全員が納得した評価を選びます。また一度決めた評価でも、その後に外部から指摘があれば、評価を見直すことは必要です。

実はあまり難しい作業ではないということがわかっていただけると思います。物事を普通に見て、普通に考えて、普通に調べる作業です。ファクトチェックは誰にでもできる作業なのです。

2章 ファクトチェックをリードするＦＩＪの取り組み

●ファクトチェック・イニシアティブ（ＦＩＪ）の設立

日本でも、ファクトチェックという言葉が一定程度認知されるようになってきました。こうした本を世に出せるのも、そのおかげです。まだ十分とは言えませんが、少しずつでもファクトチェックの取り組みがおこなわれるようになっているのは嬉しいことです。

日本でのこうした動きの大きな原動力となったのが「ＮＰＯファクトチェック・イニシアティブ」です。英語名のFactCheck Initiative Japanの頭文字をとってＦＩＪと呼んでいます。弁護士、研究者、メディア関係者、ジャーナリストの有志が発起人となって２０１７年６月に発足しました。私も発起人の末席に名を連ねており、現在は理事の一人として活動しています。

呼びかけ人は、日本報道検証機構という団体を立ち上げて大手メディアの誤報のチェックをおこなってきた弁護士の楊井人文氏です。楊井氏は産経新聞記者を経て弁護士になりますが、弁護士として活動するなかで古巣のマスメディアで誤った報道が多いことに気づき、主に大手メディアの誤報を指摘する活動をしていました。

楊井氏は私より一回り若く、お互いに面識はありませんでした。ただ、楊井氏が発表している記事には教わることが多く、いずれ会いたいと思っていました。

そんななか、突然、楊井氏から電子メールが届いたので驚きました。日付は2017年3月10日です。本人の承諾を得て、全文を掲載します。

立岩陽一郎様

はじめまして、日本報道検証機構の楊井（やない）と申します。当機構は、主にマスコミの報道の正確性を検証し、誤報検証サイト「GoHoo」を運営している非営利団体です。

現在、私どもは、日本におけるファクトチェック・ジャーナリズムの裾野を広げ、取組みを推進・普及させたいと考え、プラットフォーム事業者、メディア、大学・研究機関、各方面の専門家などと連携して協働を目指すネットワーク団体の発足準備を進めております。

当機構はこれまで、主に全国紙等マスメディアに限定してファクトチェック活動をしてきましたが、今後、関係者と協働してウェブ媒体を含めて効果的な検証の仕組み作りをしてまいりたいと考えております。

立岩様は、調査報道NPOを立ち上げられ、米国の政治報道情勢について多くのレポートを配信されていらっしゃいます。特に米国のメディア事情にも精通されているのではないかと存じます。

私自身は、Investigative Journalism（筆者注：調査報道）とFactchecking Journalism（筆者注：ファクトチェック報道）は、車の両輪のようにジャーナリズムの柱になっていくべきもので、手法や問題意識、あるいは課題も共通しているところが多いのではないかと考えております。

そこで、もし立岩様にもこのネットワークの趣旨にご賛同いただければ、ご参画いただけないかと思い、連絡いたしました。簡単な説明資料を添付しますので、ご覧いただければ幸いです。

たたき台の資料ですので、漠然として分かりにくいところもあるかと思います。もしご興味ございましたら、近いうちに意見交換できる機会を頂ければと思っております（立岩様は米国在住とうかがっているので、スカイプ等オンラインのビデオチャットができればと考えております）。

取材活動などで大変お忙しいところ誠に恐縮でございますが、ご検討の程どうぞよろしくお願い申し上げます。

もちろん、私はすぐに返信しました。まさに、我が意を得たりといった感じだったからです。そして、東京にいる楊井氏とワシントンＤＣにいる私とで、すぐにスカイプで互いに顔を見ながらのやり取りを始めました。楊井氏が力説したのは以下の点でした。

「これだけ情報があふれているなかで、その情報を精査する取り組みが情報量に追いついていません。また、新聞やテレビも時に間違った情報を流すことがあります。世界はそうした状況に対応するファクトチェックを本格的に始めており、日本だけが取り残されているというのが現状です。それを変えないといけないという思いが取り組みの始まりです」

楊井氏は他に、元毎日新聞編集局次長で早稲田大学教授の瀬川至朗氏やスマートニュースのフェローでＩＴに詳しい藤村篤夫氏、自然言語処理の研究者として知られる東北大学の乾健太郎教授など、名だたる専門家に声をかけているということでした。
ただ、私はひとつの条件をつけました。どれだけ深く関わるかは、楊井氏が語ったように世界がファクトチェックの取り組みを本格的に始めているのか自分の目で確認してから判断したい、と伝えました。

これには理由があります。アメリカでファクトチェックの現場を見ている私ですが、アメリカと日本とでは特にジャーナリズムについての考え方やそれを取り巻く文化が大きく異なります。技術革新的な分野においては日米のどちらが先行しようと、やがて後発側が追いつく構図となります。社会の仕組みの多くもそういう側面があるでしょう。ただ、ジャーナリズムはそうはならないのです。これは、日本のマスメディアが日本語という壁によって守られている点が大きいかと思います。

つまり、アメリカでファクトチェックが盛んにおこなわれるようになっているとしても、それで日本がそうなるとは言い切れないからです。私にとっては調査報道こそがライフワークであり、そのために客員研究員としてアメリカに滞在していたわけです。もちろん、楊井氏がメールで指摘しているように調査報道とファクトチェックはジャーナリズムの両輪だというのは、私も正しい認識だと思います。少なくとも、アメリカのジャーナリズムはそういう考え方に立っています。

ただ、調査報道もファクトチェックもとなると、結果的にどちらも何もできずに終わることはあり得るわけです。どれだけファクトチェックに関わるかは、アメリカ以外の世界の流れを知ってから判断したいと思いました。もう少し正直に書きましょう。仮に、ファクトチェックがアメリカでのみ盛んにおこなわれているものだとすれば、それに参加するのは時間の無駄だと思ったのです。

楊井氏も私の考えを汲み取ってくれました。その際、楊井氏からそれを確認する良い機会があると教えられました。これは「グローバルファクト（Global Fact）」と呼ばれるファクトチェックの国際的な大会で、その4回目がスペインのマドリッドで開催されるということでした。時期が、ちょうどアメリカでの客員研究員の任期が切れた後だったので、行くことにしました。

この大会については後述しますが、この大会に楊井氏と参加して驚かされたというのが正直なところでした。欧米だけではありません。南米、アフリカ、そしてアジアの各地でファクトチェックの取り組みは盛んになっていました。

大会が終わって帰国して、すぐに東京・渋谷のスマートニュースで、楊井氏とともにファクトチェックの世界の動きを報告しました。それはＦＩＪが開催する最初のセミナーとなり、新聞、テレビ各社の記者やディレクターなど約50人が参加してくれました。特に目立ったのは、私の古巣のＮＨＫでした。ＮＨＫはスペインに国際部の記者を派遣しており、ファクトチェック国際大会についてのニュースを報じていました。ただ、そのニュースはある意味、我々の期待を裏切るものでした。ニュースをネットで見た楊井氏の落胆したひと言は次のようなものでした。

「立岩さん、ＮＨＫのニュース、ちょっとひどいですね」

「どうしたんですか？」

「この（ファクトチェック国際）大会についてのニュースなのですが、「ファクトチェック」という言葉がどこにも出てこないんですよ」

「え？」

私も楊井氏が示した記事を確認しましたが、事実の重要性を考える大会が開かれたといった趣旨のニュースになっていました。

「なるほど、ＮＨＫはまだファクトチェックという言葉は市民権を得ていないという理解なんでしょうね」

「でも、この記事を後でネットで検索しようと思った時、「ファクトチェック」と入れても検索できないわけですよね。それで、ネット時代のニュースとして意味がありますかね？」

元NHKの記者である私にはNHKの理屈が理解できるものの、確かに、楊井氏の指摘はもっともなものです。とりあえず、その点は、記事を集約していた東京のNHKの友人に伝えておきました。

ただ、逆に私の今後のイメージは明確になった気がします。私は楊井氏に、「要は、NHKがニュースに「ファクトチェック」と使えるようにするということでしょう。そのためにFIJが頑張るんですよ」と伝えました。すると、楊井氏も頷いて、「そうですね」と応じてくれました。

話をFIJのセミナーに戻します。

NHKからは多くの記者、ディレクターが参加していましたが、その他では朝日新聞、毎日新聞、東京新聞からの参加者が目立ちました。これは、ある意味、わかりやすい構図かもしれません。この3紙は政権与党である自民党に厳しい論調で知られます。ファクトチェックの大きな役割として政権及び与党の発信する情報を確認したいという意識が働いたのかもしれません。

他には、日経新聞から私の友人が参加してくれていましたが、ＦＩＪとしては読売新聞、産経新聞、テレビ、通信各社も含めて、あらゆるマスメディアの方に参加してほしいというのが偽らざるところです。

実はこの段階で、朝日新聞だけはファクトチェックを記事の中に取り入れていました。政治部による有力国会議員の発言に対するファクトチェックです。その中で中心的な役割を担っていた南彰記者は、後に新聞労連の委員長に就任し、ファクトチェックをマスメディアに広げる点で大きな役割を担ってくれることになります。

ＦＩＪはＮＰＯとしての届け出を東京都にしました。活動実績が認められれば、認定ＮＰＯとなります。認定ＮＰＯとなれば、寄付をしてくれた人がその一部を税金から還付される優遇措置を受けることができます。財源の確保が重要な課題となるなかで、認定ＮＰＯになることは重要です。

ＦＩＪでは頻繁に理事会を開いて、組織作りに努めました。理事長には早稲田大学の瀬川教授が就任し、その補佐役の副理事長にスマートニュースの藤村氏と私が就任。楊井氏は事務局長として実質的な運営を担うことになりました。以下がその最初の理事会の構成メンバーです。

理事長　瀬川至朗（早稲田大学政治経済学術院教授）
副理事長　藤村篤夫（スマートニュース株式会社フェロー）
副理事長　立岩陽一郎（ＮＰＯニュースのタネ編集長）
理事　楊井人文（弁護士、事務局長兼務）
　以下は五十音順
理事　乾　健太郎（東北大学大学院情報科学研究科教授）
理事　小川和久（静岡県立大学特任教授）
理事　奥村信幸（武蔵大学社会学部教授）
理事　金井啓子（近畿大学総合社会学部教授）
理事　ジョン・ミドルトン（一橋大学大学院法学研究科教授）
理事　牧野　洋（ジャーナリスト兼翻訳家）
理事　山崎　毅（ＮＰＯ法人食の安全と安心を科学する会（ＳＦＳＳ）理事長）

ＦＩＪ設立の準備が始まったのは２０１７年4月25日で、その年の6月21日に記者会見を開いて設立を公表しました。理事長となった瀬川教授は当時の心境について次のように話しています。

「当初はファクトチェックが新聞などのチェックをおこなうのではないかという、何かマスメディアの敵のように見る雰囲気があったので、その懸念の払しょくに努めるとともに、やはり大手メディアも参加して一緒にファクトチェックをやる方向に持っていけないか考えました」

瀬川理事長は、実際に沖縄県知事選挙の時、沖縄の地元紙2紙を訪ねてファクトチェックへの参加を求め、その結果、後述するように琉球新報がＦＩＪとともにファクトチェックをおこなっています。

●ＦＩＪ設立の趣旨

ＦＩＪの団体設立の趣旨には次のように書かれています。

「近年、人々をとりまくニュースや情報の環境は大きく変化しています。インターネット上に新しいニュースメディアや個人の書き手が次々と現れ、ＳＮＳなどのテクノロジーメディアの普及も相まって影響力を増しつつあります。一方で、デマや真偽不明の情報が拡散することへの懸念も高まっています。もっとも、新聞やテレビなど従来のメディアにも事実と異なる報道が散見され、透明性をもって是正する取組みが十分になされてきたとは言えません。こうした課題にメディアやジャーナリズムはどう応えていくのか、その存在意義や役割が問われています。

私たちは、メディアやジャーナリズムに携わる人々が、社会に影響を与える様々な報道・言説のファクトチェック（真偽検証）に真剣に取り組むべきときに来ていると考えます。すでに海外では、メディアとプラットフォーム事業者が協働して問題に対処する取組みも始まっています。他方、わが国では一部に取組みはあるもののごく限定的であり、本格的に担うだけの組織やメディアも存在していません。

私たちは、事実と異なる言説・情報に惑わされ、分断や拒絶が深まるような社会を望んでいません。そうならないためにも、ファクトチェックをジャーナリズムの重要な役割のひとつと位置づけて推進し、社会に誤った情報が拡がるのを防ぐ仕組みを作っていく必要があると考えました。

もちろん、ファクトチェックも言論の枠内でおこなわれるものであり、特定の言説・情報に対する検閲や排除を志向するものであってはなりません。ファクトチェックに基づく言説自体が他者からの再検証や批判に耐えうるものでなければならないことは当然であり、真実の最終裁定は言論社会に生きる人々に委ねられています。私たちが志向するのは、人々が正確な事実認識を共有できるよう、判断材料を提供することです。こうした真偽を検証する活動の量的・質的な向上が、誤った情報に対する人々や社会の免疫力を高め、ひいては言論の自由を守り、民主主義を強くすることにつながると信じます。

私たちは、こうした問題意識を共有する個人や関連団体がそれぞれの垣根を越えて協働し、ファクトチェックの実践を広げていくための取組みを開始することを決意し、ファクトチェック・イニシアティブ（FactCheck Initiative Japan、略称「ＦＩＪ」）を立ち上げることと致しました」

趣旨は、あくまでも理念を書いているものなので、具体的に何をするのかはこの文章からはわかりません。ＦＩＪは、事業内容としては４点を掲げています。それを見てみましょう。

①ファクトチェックに関するガイドライン等の整備・啓発事業
②ファクトチェックに関する国内外の団体及び市民との連携・協働事業
③ファクトチェックに貢献する団体・個人に対する評価・支援事業
④その他目的を達成するために必要な事業

●ファクトチェックのガイドライン

ここで、「ファクトチェックの実施」という項目がないのに気づかれた方もいるかと思います。そうです。FIJは自らがファクトチェックをおこなう団体ではないのです。あくまでファクトチェックをおこなうための環境整備をするということです。

ファクトチェックの普及にはファクトチェックをおこなう人、つまりファクトチェッカーの養成が不可欠です。それをマスメディアに頼るのではなく、ファクトチェックをおこなってみたい全ての人に参加してもらうための仕組みを作るということです。そのために、ファクトチェックをおこなうためのルール作りはFIJが力を入れていることのひとつです。ガイドラインと呼んでいます。楊井氏は次のように話します。

「簡単な作業ではないので参加者には対価を支払うことを考えています。そのための資金集めもしないといけません。FIJでガイドラインを作ることで、どなたでも参加できるようなものにしたいと思っています。多くの人がファクトチェックに参加することで、問題のある情報や言説を排除できればと考えています」

このガイドラインは、まず暫定的なものを作りました。それは後述する総選挙のファクトチェックをおこなう際に、参加者に統一の基準として配られました。現在は改訂されています。もちろん、ファクトチェックはどのような形でおこなっても、それが事実の検証であれば間違いではありません。

ガイドラインはあくまでも適切なファクトチェックをおこなうための補助的なものと考えてよいと思います。私自身は、総選挙と沖縄県知事選挙は、このガイドラインに沿ってファクトチェックをおこないましたが、２０１９年の大阪ダブル選挙については諸般の事情から、ガイドラインには沿わない形でファクトチェックをおこなっています。

必ずしも従わねばならないものではないガイドラインですが、ファクトチェックの経験者が時間をかけて議論をして決めたものです。やはり、このガイドラインに沿った形でファクトチェックをおこなうことが理想です。

そのガイドラインを見てみましょう。

第１　趣旨

本ガイドラインは、より良質で信頼されるファクトチェックを普及するために、国際ファクトチェックネットワーク（International Fact-Checking Network、以下「ＩＦＣ

N」）の綱領の趣旨（①非党派性・公正性、②情報源の透明性、③財源と組織の透明性、④方法論の透明性、⑤訂正の公開性）を踏まえて、ファクトチェック記事の作成・発表に関する事項を定めるものとします。

本ガイドラインはＦＩＪのプロジェクトに適用するためのものです。

ＦＩＪは、各メディア・組織などがＦＩＪのプロジェクトに参加するか否かにかかわらず、本ガイドラインに準拠してファクトチェックに取り組むことを推奨します。

第２　目的・定義

1　本ガイドラインにおいて「ファクトチェック」とは、公開された言説のうち、客観的に検証可能な事実について言及した事項に限定して真実性・正確性を検証し、その結果を発表する営みを指すものとします。

2　本ガイドラインにおいて「ファクトチェック」は、特定の主義主張や党派・集団等に対する擁護や批判を目的とせず、公正な基準と証拠に基づいて、事実に関する真実性・正確性の検証に徹するものとします。

3　ファクトチェックで検証の対象とした言説を「対象言説」と呼ぶことにします。

4　以上の定義に基づきファクトチェックの結果を発表したもので、次の３つの要素を含むものを「ファクトチェック記事」と呼ぶことにします。
①対象言説の特定
②対象言説の真実性・正確性の判定
③判定の理由や根拠情報

第3　ファクトチェック記事の記載事項

ファクトチェック記事を作成・発表するときは、ＩＦＣＮの綱領（Code of Principles）を踏まえ、以下の事項を満たすように努めるものとします。

1　ファクトチェック記事であることの表示
ファクトチェック記事を発表するときは、それが通常の記事と異なり、ファクトチェック記事として作成されたものである旨を表示するものとします。

2　対象言説の特定
（1）ファクトチェックの検証対象
ａ　原則として、客観的な証拠によって事実の存否や正確性を検証しうる「事実言明」とします。何ら事実言明を含まない意見表明や主張は、ファクトチェックの対象としないものとします。

b 検証の対象は、不特定多数者に公開され、社会に影響を与える可能性のある言説とします。

(2) 対象言説の表記

a 対象言説は、できるだけ記事の冒頭において、その内容を必要な限度で引用するとともに、誰が、いつ、どこで、どのような文脈で発信したものかも、できるだけ具体的に記載するものとします。

b ただし、対象言説の発信者を誹謗中傷から保護する必要があるときは、発信者情報を匿名化・抽象化することも認められるものとします。

c 対象言説の内容について発信者自身が訂正・修正をしているときは、その旨を明記するものとします。

(3) 対象言説が訂正された場合の追記

ファクトチェック記事を公開した後に、対象言説の内容について訂正等がなされたときは、その旨を追記するものとします。

3　事実認定と結論の明示

検証の結果、どのような事実を認定し、どのような結論に至ったのか、対象言説の真実性・正確性についていかなる評価・判定（レーティング）をしたのか、を明示するものとします。

ファクトチェック記事においてレーティングの表記は必要不可欠ではないものの、それを表記して記事を発表する際は、「第4　レーティング基準」を参考にして、恣意的な評価・判定とならないよう、一定の基準に基づいた公平な運用に努めるものとします。

4　根拠・情報源の明示

事実認定や結論・判定に至った理由について第三者が検証できるよう、客観的な証拠（エビデンス）・出典や情報源（ソース）をできるだけ具体的かつ詳細に記載するものとします。

5　ファクトチェックと論評・解説の峻別

（1）ファクトチェック記事は、できるだけファクトチェック（真偽の検証）に徹し、意見や論評、解説を混在させないようにします。

（2）ただし、読者の理解を深めるために、ファクトチェック記事の中において解説等を盛り込むときは、私見はできるだけ抑え、必要以上に批判的、攻撃的、侮辱的な表現を用いないものとします。

6　誤解を与えない見出し

ファクトチェック記事につける見出しは、対象言説の内容や検証の結論について誤解を与えないように注意して付けるものとします。

7　記事の公開日・作成者の明記

ファクトチェック記事には、公開した日時と作成者（複数のメンバーが属する組織・媒体において発表するときは、当該記事の担当者名）を明記するものとします。

8　訂正履歴の開示

ファクトチェック記事の内容に重要な追記・修正・訂正などがあったときは、その履歴を読者が容易に認識できるように記載するものとします。

第４　レーティング基準

レーティングとは、ファクトチェック記事を発表する際に表記する、対象言説に関する真実性・正確性の評価・判定をいいます。

ファクトチェック記事においてレーティングを表記するときは、恣意的な評価・判定とならないよう、メディア関係者との協議を踏まえて、以下の基準の使用を推奨します。この基準は、今後もメディア関係者との協議により修正される場合があります。

ファクトチェック記事を発表する際に、以下のレーティング基準を使用せずに、またはそれを一部変更してレーティングを表記することもできますが、そのときは自らに適用するレーティング基準を定め、公表するものとします。

〈レーティングの表記〉（定義）

「正確」　事実の誤りはなく、重要な要素が欠けていない。

「ほぼ正確」　一部は不正確だが、主要な部分・根幹に誤りはない。

「不正確」　正確な部分と不正確な部分が混じっていて、全体として正確性が欠如している。

「ミスリード」　一見事実と異なることは言っていないが、釣り見出しや重要な事実の欠落などにより、誤解の余地が大きい。

「根拠不明」　誤りと証明できないが、証拠・根拠がないか非常に乏しい。

「誤り」　全て、もしくは根幹部分に事実の誤りがある。

「虚偽」　全て、もしくは根幹部分に事実の誤りがあり、事実でないと知りながら伝えた疑いが濃厚である。

「判定留保」　真偽を証明することが困難。誤りの可能性が強くはないが、否定もできない。

「検証対象外」　意見や主観的な認識・評価に関することであり、真偽を証明・解明できる事柄ではない。

第５　ファクトチェックの透明性確保

ファクトチェック記事を組織的、継続的に作成し発表するとき（期間を限定した活動を含む）は、ＩＦＣＮ（国際ファクトチェックネットワーク）の綱領の趣旨を踏まえ、できるだけその活動を始める前、もしくはその活動を始めて間もない段階で、独自のガイドラインと組織に関する情報を公開するなどして、ファクトチェック活動の透明性・信頼性向上に努めるものとします。

1　独自のガイドライン

ファクトチェックの指針として、以下の事項を含むガイドラインを定め、ファクトチェック記事を掲載するウェブサイトに公開します。

（1）目的・対象言説の範囲

何のために、どのようなカテゴリーの言説（テーマ、ジャンル、発信源・媒体の種類など）を検証の対象とするのか

（2）選択基準

どのような基準で対象言説を選択しているのか

（3）判定の基準

対象言説の真実性・正確性を判定する際の基準、判定用語の種類（本ガイドラインのレーティング基準を用いるときは、その旨の表記）

2　組織に関する情報

ファクトチェックをおこなう組織に関する情報として、以下の事項を公開します。

①ファクトチェック部門の責任者や担当者の名前

②組織の財源や使途
③組織の所在地や連絡先

ガイドラインに記されているとおり、これからファクトチェックをおこないたいという人は、是非、このガイドラインを参考にしてファクトチェックを試みてください。わからない点は私やFIJに問い合わせをしていただければ、丁寧に説明させていただきます。

●ファクトチェックへのメディアの参加

このガイドラインの中で、肝と言える部分が第4のレーティング基準です。このレーティングはファクトチェックを単なるフェイクニュース発見器にしないためにも重要です。例えば、事実でない発言や発信かと思ってファクトチェックした結果、実は事実だったということもあります。そういう時は、レーティングに従って「事実」と評価することになります。ファクトチェックの説明のところで書いたとおり、「誤り」とフェイクニュースは違います。誤りには勘違いもありますし、計算ミスなどもあり得ます。フェイクニュースとはこのレーティング表でいう「虚偽」の範疇に入ります。

このレーティングの作成には、ＦＩＪのメンバー以外に多くのメディアが参加しました。中でも新聞労連委員長の南彰氏（朝日新聞政治部記者）の参加は大きな意味を持つものでした。

新聞労連は全国紙、地方紙、スポーツ紙などが加盟するマスメディア最大規模の労働組合です。

総選挙ファクトチェックではＦＩＪメンバーの楊井氏と私の他、バズフィード・ジャパンなどが参加しました。バズフィード・ジャパンは既に大手メディアに並ぶ存在感を持っていましたが、やはり新興メディアという位置づけです。新聞、テレビ、通信各社といった大手メディアの参加は、ＦＩＪとしても積極的に働きかけてきました。その後の沖縄県知事選挙では沖縄の地元紙の琉球新報が参加しました。琉球新報はこの時の報道で、新聞労連大賞を受賞しています。

これに弾みをつけて更に新聞社の参加を求めたいと考えていた矢先に、新聞労連の委員長に就任したのが朝日新聞政治部でファクトチェックをおこなっていた南彰記者でした。南委員長は共著で『安倍政治１００のファクトチェック』という本も出しています。ＦＩＪとしては待ちに待った存在だったと言ってよいでしょう。

その南委員長に、ＦＩＪとともにファクトチェックに取り組むことにした経緯を聞きました。

「朝日新聞でもファクトチェックをおこなってきましたが、1社でやっていることに限界を感じていました。朝日新聞が政権をファクトチェックしても、どうしても、「朝日は政権批判としてファクトチェックをしている」などと言われてしまうわけです。もちろんファクトチェックは政権批判の道具ではありませんし、私たちは事実だけを確認しているわけですが、そういうイメージで語られてしまう部分があるわけです。

そうしたなかで、沖縄県知事選挙で琉球新報がFIJと一緒にファクトチェックをおこなって、成果を出しました。これは、極めて大きなインパクトを全国の記者、特に若い記者に与えたようで、各地で若い記者から、「ファクトチェックをどうやるのか?」と問われました」

南委員長の目指すところは、多くのメディアが参加した形のファクトチェックです。それはFIJの目指すところとも一致しています。その際に、やはりハードルが高いのは新聞社、特に全国紙の参加だと指摘しました。

「新聞は情報を確認して事実として正しいものを発信してきました。自分が確認できなかったものは出さないという判断もあったかと思います。これまではそれも可能だったかもしれませんが、ネット時代はそうはいかないでしょう。

新しい新聞社の責務としてファクトチェックをおこなう必要があると訴えていきたいと思います」

その際、カギとなるのはファクトチェックの対象の幅を広げることだと指摘しています。

「今はやはり選挙の時にファクトチェックをするので、どうしてもファクトチェックは政治（権力）をチェックするというイメージを持ってしまいます。対象を政治以外の分野に広げて、この情報化社会において氾濫している情報を一つひとつチェックしていくという取り組みにしていくことが必要かと思っています」

●「問題ある情報」を幅広く収集するために

この南委員長の指摘は極めて重要で、ＦＩＪもその必要性を痛感しています。そして、そのための取り組みを始めています。その一端を紹介しましょう。

情報化社会に氾濫している情報をチェックするには、ネット上で拡散される問題ある情報を収集する必要があります。ＦＩＪはそれをおこなう取り組みを始めているのです。ＡＩを使ってネット上の事実ではない疑いの高い情報を集めるというものです。東北大学の乾教授とＦＩＪの楊井氏、そしてスマートニュースの藤村氏が取り組んできているもので、既に稼働を始めています。

これには2つの系統があります。ひとつは人が集めるもので、それをクレーム・モニターと呼んでいます。ＦＩＪのスタッフが様々な情報をチェックして、事実ではない疑いのある情報をデータベースに入力していきます。

もうひとつは、まさにＡＩを使ってネット上にある様々な情報の中から事実ではない可能性の高いものを選び出してデータベースに入れます。これをFact Check Console、略してＦＣＣと呼んでいます。ＦＣＣではその疑義度を、最上級を１・０とし、数値で示しています。つまり１・０は事実ではない疑いが極めて高いということです。

ＦＩＪのスタッフはＦＣＣが取り出した情報を精査して、そのうち、ファクトチェックが必要だと思われるものをクレーム・モニターのデータベースに入れていきます。このクレーム・モニターとＦＣＣは連動しており、ＡＩはクレーム・モニターのデータベースから学習して、更にＦＣＣの収集する能力を高める、つまり、疑義言説の絞り込みの精度を高めていくわけです。

実際に使ってみると、凄いものを作ったものだと驚かされます。

現在の状況は大雑把にはこう解説することが可能かと思います。ＦＣＣがＡＩを使って絞り込んだ疑義言説を、人が更に絞り込んでクレーム・モニターに入れます。そして、私たちファクトチェッカーはクレーム・モニターの中から事実確認が求められる重要な情報を取り出してファクトチェックし、その結果を公表します。同時に、その過程で、ＦＣＣは更に絞り込みの精度を上げていくわけです。

今後、それは次のようにシンプルなものになることが期待されます。ＡＩがＦＣＣからクレーム・モニターまでの作業を全ておこないます。私たちはその結果をファクトチェックし、その結果を公表するのです。かなりシンプルな工程となります。

この取り組みについて、システムの構築で乾教授と並んで中心的な役割を担ってきた藤村氏は次のように話しています。

「ＡＩを使っての疑義言説の収集は、かなり有効な手段になっていると考えています」

そして、その仕組みを教えてくれました。

「まず情報の内容を精査します。そのうえで、その情報がどのように伝達しているのかを検証します。例えば、過去に誤った情報を流している人たちのグループが発信しているのかどうかなどです。また、ごく少数の人が発信している場合、そうした情報も信頼性は乏しいでしょう。更には、関連する情報の分析です。例えば、「あの記事は虚偽だ」といった指摘が出ていないかどうか、です。そうした分析を重ねていくなかで、ある程度、虚偽の情報を収集することはできてきています」

「テクノロジーが怪しい情報の拡散に加担してきたわけですが、テクノロジーがそうした状況に対応する力を発揮できるようになっています。それは極めて大きいと思います」

ファクトチェックは必ずしもフェイクニュースに対応した取り組みではありませんが、膨大なフェイクニュースに対応することが期待されていることも事実です。仮に、ＡＩが疑義言説の絞り込みを極めて高い精度でおこなえるようになれば、ファクトチェックはかなりフェイクニュースに対抗する有効な手段となるかもしれません。

ただし、ファクトチェックそのものはＡＩが担うのは難しい、というのが私たちの今の判断です。最終的なファクトチェックは人がやらねばなりません。そのために、ＦＩＪではファクトチェックをおこなう人、ファクトチェッカーの養成に力を入れているのです。

ファクトチェックをよりよく理解していただくために、実際のファクトチェックの現場を見ていただきます。

以下はＦＩＪ（ＮＰＯファクトチェック・イニシアティブ）が最初におこなったファクトチェックの取り組みで、２０１７年10月22日投開票の解散総選挙についておこなわれたものです。このうち、私が中心になって取り組んだファクトチェックを事例にファクトチェックの手法を説明したいと思います。まだ試行錯誤といったお恥ずかしい内容ではありますが、ファクトチェックの考えはご理解いただけるかと思います。

●スマホでの問い合わせ

「そんな根拠しかない数字なんですか？　根拠というか、根拠ないですよね？」

思わずスマホに向かって驚きの声をあげてしまいました。２０１７年10月のことです。

しかし、スマホの向こうの声は全く変わりません。

「根拠がないということではありません。そういう算出をしているということです」

慇懃無礼ということでもありません。普通に、丁寧に説明してくれます。ただ、その内容には釈然としないものがあります。スマホに向かって質問を続けてみました。

「しかし、普通の人がそれを聞いたら、景気動向とか加味して考えているように思いますよね？」

先方の声のトーンは冷静なものでした。

「まぁ、そういうものですから」

淡々と説明するスマホの向こうは財務省主税局総務課の課長補佐。女性の方でした。ひと昔前なら、「女性エリート官僚」などという言葉が思い浮かびそうです。もちろん、そういう発想自体が一種の差別を含んでいることは理解していますので、そんなことは一切、考えません。ただひたすら、質問を続けました。

「しかし、有権者はそうは思いませんよね？」

すると、相手はある言葉を口にしました。

「それは理解が違います。これはあくまで予測値ですから」

予測値…。しかし、予測値にもなっていないということではないだろうか？　そんなことを考えながら、一度尋ねた内容を再度、質問しました。

「もう一度、算出方法を確認させてください。去年1年間の消費税が…」

「ええ、去年1年間の消費税の税収は17兆円余りで、それを…」

●総選挙をファクトチェック

これは2017年10月、私が主宰する「NPOニュースのタネ」で総選挙のファクトチェックをおこなっている時のひとコマです。総選挙をファクトチェックしようと決めたのは、投開票日のほぼ3週間前の2017年9月30日でした。その日、大阪市内の「ニュースのタネ」の事務所には、ジャーナリスト、研究者、主婦、学生ら10人が集まりました。いずれも、総選挙ファクトチェックの取り組みに関心を持った人々です。FIJの楊井人文事務局長も東京から参加してくれました。

参加者に配ったのは、9月25日の安倍総理解散会見を文字おこししたものでした。それには理由がありました。まず、その時点で、ファクトチェックの対象となる公の言説が、これしかなかったことです。更に重要なのは、この発言が持つ意味です。

ここでの安倍総理の発言は、当然、憲法解釈によって総理大臣に付与されたと考えられる解散の理由説明です。つまり、これは総理大臣の発言であり、それと同時に与党・自民党の方針の表明という二面性を持っているわけです。

これはファクトチェックをする我々にとっては取り組みやすいものでした。この段階では安倍総理の発言しか公的にファクトチェックできるものがありませんから、自民党のみをファクトチェックしたかのように思われてしまいます。その場合、「不公平な与党に対する攻撃」といった批判が起きることもあり得るでしょう。

ただ、この時の会見は、総理大臣としてのものです。ですから、政府の方針をチェックすることになります。つまり、党派性はないわけで、与党叩きといった批判はあたりません。

参加者で議論してファクトチェックの対象となる言説を選んでいきました。真っ先に上がったのが、「2％の引き上げにより、5兆円強の税収となります」でした。

●消費税2％の増税でなぜ5兆円強の税収なのか

解散を表明した記者会見で安倍総理は、「（消費税）2％の引き上げにより、5兆円強の税収となります」と断言していました。安倍総理は、この「5兆円強」の使途を従来の説明とは異なる使い方をするためにその民意を問うとし、それが解散の理由だとしていました。つまり、それまで消費税税率引き上げ分の税収で社会保障費の充実や国の借金の返済に充てるとしていたものを、少子高齢化の対策のために使うとしたわけです。

それが森友・加計問題で高まる世論の批判を回避するためだったかどうかは、ファクトチェックでは問いません。

ファクトチェックはその判断の是非を問うものではなく、その判断で語られている内容を問うものだからです。

この「2％の引き上げにより、5兆円強の税収」は、当然ながら新聞、テレビのニュースで大きく取り上げられました。会見翌日のNHKの「おはよう日本」では、経済部のデスクがスタジオに出て、「5兆円強」をどう使うのか、会見で安倍総理が語った内容を詳細に説明しました。

ところが、なぜ「2％の引き上げにより、5兆円強の税収」となるのかは、どのメディアも説明していませんでした。安倍総理も、その根拠は示していませんでした。ところが安倍総理は断言していました。力強く、と言ってもよいでしょう。

その断言の根拠は何なのでしょうか？　私たちのファクトチェックはそこから始まりま

した。

まずは参加者がネットで情報を検索。そして、元NHKの同期で現在は主婦をしている友人が大学時代のつてで京都大学経済学部の教授を取材。それでも、「なぜ5兆円強」と言えるのか、明確なものは見つかりませんでした。

こうしたなかで、財務省から世界銀行に出向しているキャリア官僚を友人に持つ子育て中の女性が、「消費税による税収を税率で割って出すそうです」との情報を持ってきました。つまり、消費税1%あたりの税収を出して、それに上げ率の2(%)をかけて出した数字ということです。


「嘘でしょ?」

それが参加者全員の反応でした。そしてすぐに財務省に電話をして確認することにしたのが冒頭のやり取りです。私が直接、電話で確認をとりました。

すると、その世界銀行出向者の話は正しかったのです。私は財務省との電話のやり取りをメモにしながら、私たちは、こんないい加減な情報に踊らされているのかと唖然としました。

つまりこういうことなのです。2016年の消費税で得られた税収の国税分は約17兆1

850億円となります。これを国税分の税率である6・3％で割ります。消費税率は8％ですが、国税分は6・3％だからです。そうすると、国税1％あたりの税収が出ます。これが2・7兆円となります。これを2％分として5・4兆円です。

これが安倍総理の語った「2％の引き上げで、5兆円強の税収となります」の根拠です。実際、安倍総理は後にNHKの番組に出た際に、「5兆4000億円」と述べています。

そのうえで更に調べたのは、過去に消費税を上げた時の状況でした。消費税は過去2度にわたって引き上げられています。最初は1997年で、3％から5％（4％が国税）に引き上げられています。この時は、実際に増収となった額は3・2兆円でした。調べてみると、今回の「5兆円強」にあたる前年から計算した増収額は2兆円。つまり、実際には1兆円余り予想を上回っていました。

2度目の引き上げは2014年でした。この時に5％から8％（国税分が6・3％）に引き上げられています。この時の国税分の増収額は5・2兆円でしたが、前年の実績から計算した予測値は6・21兆円でした。つまり、実際の税収は1兆円余り予測を下回っていたのです。

これについて京都大学大学院の西村周三名誉教授（経済学）に尋ねました。西村名誉教授は前述の私のNHK時代の同僚が大学時代のつてで探してくれた専門家です。

「最初の消費税の引き上げ時は、その時に給与の引き上げもおこなわれたため、引き上げによって消費動向が影響を受けませんでした。また、3%から5%はさほど負担感もなかったのかもしれません。一方、2度目の引き上げの時は、景気が十分に回復する前におこなわれたので、消費者に負担感を強く感じさせるものとなったと思われます。また、5%から8%は負担感を感じさせる引き上げ率だったとも言えるでしょう」

では、2019年10月に予定されている引き上げは、どちらに状況は近いと言えるでしょうか? 西村名誉教授は次のように話しました。

「どちらに近いとは一概には言えません。消費動向を予測するのはそう簡単なものではないからです。経済学者の視点から言うと、予測値はあくまでも予測値でしかありません。仮に、こうした数字を出す場合には慎重な取り扱いが必要です。これをもって、あたかも実際に5兆円強の税収があるかのように話すのは避けるべきでしょう」

今回の消費税の増税に合わせて、軽減税率が適用されます。このため、飲食料品は消費税の増税対象からは外れることになります。これをもって即、予測値を下回るとは言えないでしょうが、過去の事例よりも不確定な要因が増えるため、予測が困難な状況となることは間違いありません。

よく、東京オリンピック・パラリンピックによる外国人観光客の増加は好材料だと主張する人がいます。これについても参加者で数値を検討してみました。

みずほ総合研究所は、2020年に来日する外国人を3629万人と試算しています。そして1人当たりの消費額は17万5000円と見積もっています。これによる消費の総額は6兆3000億円となる計算です。消費税が2%上がって10%となれば、消費税額は6300億円となるように思われますが、実際にはそうはなりません。外国人の買い物は免税対象になるものが多いからです。ですから仮に、みずほ総合研究所の試算どおりに外国人が来たとしても、そのまま6000億円を超える消費税収が期待できるわけでありません。

そう考えると、マイナス要因が大きくなった場合、それでも消費税額の増額を下支えする要因になると考えるのは難しい状況です。

安倍総理の発言は、あたかも「5兆円強」の税収が約束されているかのような印象を与えるものとなっていましたが、あくまでも前年の数字から導いた数値であることを明言すべきだったでしょう。

余談ですが、2018年暮れにあるラジオ番組で1年を振り返る特別番組に出演した時、新聞社の論説委員にこの点を指摘させていただき、「新聞はファクトチェックをすべきだったのではないか？」と尋ねました。その時、論説委員の方は、「予測値を新聞が伝えるのは当然のこと」と反論されました。本当にそうでしょうか？　少なくとも、この数字は単純計算でしかなく、実際にはこの数字よりも1兆円上がるかも下がるかもしれないという事実は伝えるべきだったのではないでしょうか。

実は、安倍総理はこの「5兆円強」について選挙戦の終盤では言わなくなります。それは私たちが自民党本部にこれについて見解を求めたからなのかもしれません。選挙戦の最中ということで明確なコメントを得ることはできませんでしたが、自民党本部で誰かがファクトチェックの結果を安倍総理に伝えたのかもしれません。

●正社員になりたい人がいれば、必ずひとつ以上の正社員の仕事はある？

次に私たちがファクトチェックしたのは安倍総理の次の発言でした。

「正社員の有効求人倍率は調査開始以来初めて1倍を超えました。正社員になりたい人がいれば、必ず1つ以上の正社員の仕事がある」

これはその後も時折、安倍総理が国会などで政権の成果として口にする内容です。正社員の有効求人倍率は、（ハローワークの正社員有効求人数）／（ハローワークの常用フルタイム有効求職者数）によって算出されたものです。この時の直近の数値は1・01倍を示していました。このため、「正社員の有効求人倍率は調査開始以来初めて1倍を超えました」は事実だと確認できました。

しかし、「正社員になりたい人がいれば、必ず1つ以上の正社員の仕事がある」とまで言えるのか、更に調べてみました。まずこのデータを、都道府県別に調べてみました。すると、正社員の有効求人倍率が1倍を超えているところは東京、愛知、大阪などで、その数は47都道府県の半数に満たない22となっていました。最も低い沖縄では0・48倍でした。次に低い高知は0・68倍となっていました。これでは、全ての国民が、「必ず1つ以上の正社員の仕事がある」と言える状況ではありません。

この数字の更に細かい状況を調べることにしました。厚生労働省に確認をしました。すると、年齢別、職業別の有効求人倍率の資料は公表していないと言われました。それはなぜなのかと尋ねてみましたが、理由については答えてもらえませんでした。

これでは、「正社員になりたい人がいれば、必ず1つ以上の正社員の仕事がある」と言える根拠を見出すのは困難です。特に、職業別の状況を見ずに、有効求人倍率の実態を語ることはできません。このため、厚生労働省が別にまとめた記録を調べてみました。これは、パートを省く全ての職種について雇用状況をまとめたものでした。

以下に、倍率の高い、つまり職に就ける可能性の高い職種を挙げてみました。保安（警備業務など）7・3倍、建設職業4・26倍、介護サービス2・96倍、自動車運転（タクシーの運転手など）2・69倍。

これらの職業はいずれも過酷な労働環境から、もともと人手不足が指摘されている職種です。その代表的なものが、介護サービスです。倍率の2・96倍を詳しく見ると、有効求人数が全有効求人の1割にあたる約11万5000人で、求職数は約3万8000人にとどまっています。これは、1人の介護士にかかる過重な労働に反して待遇の悪さが原因となっていると、実は安倍総理自身が会見の中で指摘していました。

そう見ると、どうもこの有効求人倍率についての安倍総理の発言というのは微妙に実態とずれている気もします。

また、ホワイトカラーの職業である事務的職業の有効求人倍率は0・4倍にとどまっていました。

安倍総理の会見での発言は、正社員についてのものであり、この数値と必ずしも一致するものではありません。この数値はパート以外、つまり契約社員も含まれているからです。しかし、介護サービスなど労働環境の厳しいことが指摘されている職業が有効求人倍率を押し上げている状況は正社員のみに絞っても大きくは変わらないと推測されます。

介護士が厳しい肉体労働の現場であることは知られています。病院で正社員として採用されても、厳しい労働環境とそれに見合わない待遇で続けられない人も多いと言われています。そうした職業によって求人倍率が高められても、それは安倍総理が「正社員になりたい人がいれば、必ず1つ以上の正社員の仕事がある」と胸を張って言える状況なのでしょうか。疑問が残ります。

従ってこの発言は、根拠はあるものの、その内容は必ずしも事実とは言えないと判断せざるを得ません。


安倍総理は、この会見で次のようにも述べていました。これもアベノミクスの成果を強調したものです。

「今、日本経済は11年ぶりとなる、6四半期連続のプラス成長。内需主導の力強い経済成長が実現しています」

この発言のうち、「内需主導の力強い経済成長が実現しています」に注目しました。

私も含めてファクトチェックに参加するメンバーは必ずしも経済に明るくありませんでした。誠に恥ずかしい話ですが、そもそも、内需とはどうやって計算するのかを誰も知りませんでした。それでまず、その計算の仕方を調べました。

調べると、内需とは、国民総生産から輸出総額を差し引いたものでした。その推移を調べてみると、国民総生産が概ね５００兆円で推移しているのに比して、輸出総額は70兆円程度にとどまっています。つまり、安倍総理の発言にある「内需主導」というのはこの点を指しているわけです。

では、「力強い経済成長が実現」しているのでしょうか？　これは実際には多くの国民の皮膚感覚、生活実感とは違うような気がします。

確かに、国民総生産も10年のスパンで見ると上向いていることがわかります。また、民間部門の消費の数値を見ても、緩やかですが上向いています。これを考えると、安倍総理の発言は全ての指標に裏打ちされた発言にも見えます
この発言は消費税増税の予定どおりの実施を決定する根拠のひとつとなっていました。そして安倍総理はこの消費税増税による税収の使途を少子高齢化などの対処に振り向けるとして、その信を国民に問うことが今回の解散総選挙の意味だと主張したわけです。

ここで気になるのは、家計の消費動向です。その状況を無視して、「内需主導の力強い経済成長」をうのみにすることはできないと考えるからです。また、消費税増税が直撃す

るのは家庭の消費であることは間違いありません。

参加者で、政府のまとめた消費支出指数に注目しました。これは家計の消費動向を調査して指数化したもので、２０１５年を１００とした時の消費の動向を示しています。

すると、「力強い経済成長」とは別の姿が見えてきました。家計の消費指数は明らかに減少傾向を示していたのです。第二次安倍政権が誕生した翌年の２０１３年は上昇しています。しかし、２０１４年以降は下降線をたどっているのです。そして、最も新しい２０１６年の数値で97となっていました。つまり、国内総生産は上昇傾向にあるものの、家計の支出は減少傾向にあることがわかったわけです。

安倍総理の発言を支えているのは、企業の活動が活発になったことで国民総生産が増えたことにあるわけですが、その影響は家庭には及んでいないどころか、実際には家庭の消費は減少傾向を示しているということです。

前述のとおり、安倍総理の発言は消費税増税を明言するための理由を説明したものです。そうであれば、家庭の消費動向にも触れた説明でないと実態を反映した説明とはなりません。

従って、この発言は「事実と認めるには不確かな内容がある」と判定せざるを得ません。

総選挙での各党代表の発言について事実関係を確認するファクトチェックをしています。

●野党党首の発言のファクトチェック

ファクトチェックは野党についてもおこないました。安倍総理が政府のトップだからと言って、安倍総理だけをファクトチェックするのは公平ではありません。安倍総理は言うまでもなく与党の党首だからです。

次に、野党党首の発言についてのファクトチェックを見てみます。

そのひとつは、日本維新の会の松井一郎代表の発言でした。松井代表は総選挙公示日の第一声で、「幼稚園の４歳、５歳、そこから高校の私学まで実質、無償化してるのは大阪だけです。それだけのことはできるわけです。これは実行してきたということなんです」と語っていました。そして、消費税の引き上げに反対したうえで、消費税を引き上げずとも役所の支出を見直すことで教育の無償化は可能だとしていました。

この発言は事実なのでしょうか？　調べるのは実に簡単な作業です。大阪府の他、大阪市、堺市などについて電話をして問い合わせを続けてみました。その結果、以下のような状況であることがわかりました。４歳、５歳の幼稚園、保育園の無償化を実施している大阪府内の自治体は、大阪市、守口市だけでした。これに5歳児の無償化をしている門真市を加えても3市のみだったのです。

私立の小中学校については特別な取り組みはなされておらず、国の施策として所得に応じて年間1人当たり10万円の補助があるのみでした。一方、高等学校については、所得に応じて無償化をおこなっていて、公立高校に通う生徒の85%で授業料の無償化が実施されていました。また、私学の高校に通う生徒の5割で授業料の無償化が実施されていました。

松井代表の発言は、自らが知事を務める大阪府がこうした施策をおこなっているかのような印象を与えるものとなっていました。しかし、実際には、幼稚園、保育園の無償化は大阪市、守口市、門真市の独自の予算でなされているものでした。また、私立の小中学校については前述のとおり、国の予算でおこなわれており、高等学校の公立高校の無償化も国の施策でおこなわれたもので、大阪府の予算からまかなわれたものではありませんでした。私立高校の無償化のみ、大阪府の予算でなされていました。

つまり、松井代表の発言は実態を全く反映しておらず、「事実ではない」と判定しました。

これが極めて問題なのは、松井代表が大阪府知事としてこれらの情報を把握する立場にあったからです。事実でないことを知りながら意図的にこうした発言をしていたとも受け止められかねず、私たちはこの点について厳しく指摘しました。

●内部留保300兆円は事実か

希望の党の発言についてもファクトチェックしました。小池百合子代表は、10月6日に東京都内で記者会見を開き、希望の党の公約を発表しました。その席で公約担当の責任者として後藤祐一前衆議院議員は次のように発言していました。

「消費税増税凍結については、では財源をどうするのかということについては、われわれは逃げるつもり、ございません。資本金1億円以上の企業の内部留保というものが300兆円ぐらいある。これに対して課税をすることで、代わりの財源にしていく。こういったことも提案させていただいております」

前述のとおり、安倍総理は消費税の引き上げによって得られる5兆円強を少子高齢化のために使うとして、その信を国民に問うために解散をおこなったとしています。希望の党のこの発言は、この「5兆円強」について大企業の内部留保に課税することで得られるとして消費税の引き上げに反対するものでした。自民党との対立軸を形成する重要なポイントと言ってよいでしょう。

では、この「資本金1億円以上の企業の内部留保」の「300兆円ぐらい」というのはどういうものか、ファクトチェックをしてみました。

財務省がまとめた法人企業統計の数値をみてみました。そこに、「利益剰余金」という項目がありました。その中で、金融・保険を含む数値を見つけました。その中の資本金1億円以上を足し上げると、308兆円という数字が出てきました。

この数字をメモして、財務省主税局で法人税を担当する税制3課に電話で問い合わせをしました。安倍総理の「5兆円強」の時と同じです。電話で政府の担当者に電話をするというのはファクトチェックでは必須な作業です。

「企業の内部留保という統計はありませんから、恐らく、その308兆円という数字について語っているのだろうと思います。それ以外に該当するような数字はありません」

担当者は自分たちもいろいろと探してみたと明かしたうえで、こう答えてくれました。

では、この308兆円の内部留保というのは、課税が可能なものなのでしょうか?

「新たに法律を制定するということになりますから、国会で議論をしていただくことになります。ただし、308兆円はあくまで数字上のものであって、その資金が企業に貯められているわけではないので注意が必要です」

どういうことか、丁寧に説明してくれました。

「これは会計上の数字であって、仮に企業が設備投資をして資金を使っていても減価償却分程度が資産から減らされるだけで、この数字に反映されないんです」

つまり、数字に記載されている308兆円がそのまま手付かずで企業に残っているわけではないということでした。これでは、仮に法改正をして課税できるようにしても、それがいくらの税収になるのかさえ判然としないということです。これは、単なる計算の結果で「5兆円強の税収があります」と言った安倍総理と変わらないと言わざるを得ません。

つまり、「内部留保300兆円」の発言は、それを裏付けるものが十分に示されていないということになります。有権者に過度な期待を抱かせる可能性もあり、この発言については、「事実と認めるには不確かな要素がある」と判定しました。

●ネットやメディアの情報もファクトチェック

以上、私たちがおこなった政治家の発言に対するファクトチェックを紹介しましたが、ファクトチェックの対象はそれだけではありません。ネット上で流される大量の情報もファクトチェックの対象となります。

いわゆるフェイクニュースと言われるものは、特にネット上で発信されています。一方で、事実の間違いがあってはならないはずの新聞やテレビといった大手メディアの報道でも事実と異なる内容が報じられることがあります。それも当然、ファクトチェックの対象となります。

こうしたメディアに関するファクトチェックもおこなわれました。その事例を一部紹介しましょう。以下は、バズフィード・ジャパン（BuzzFeed Japan）によるものです。

「安倍が国連の選挙監視団を断ったからねっ‼」というネット情報については、国連が日本に選挙監視団を出すという計画がそもそもないことを確認し、「偽情報」としました。

「希望の党」の住所が「自民党東京第十選挙区支部」と完全に一致」では、この「自民党東京第十選挙区支部が既に２０１８年６月に解散して存在しないことを確認して、「不正確」としました。

「立憲民主党のツイッターアカウントのフォロワーが急増していることに対し、「フォロワーをカネで買っているのではないか」と指摘する記事や言説」では、フォロワーを分析するツールを利用して調べるなどした結果、そうした事実は確認されなかったとして、「根拠がない」としました。

ファクトチェックの対象はネット上のフェイクニュースだけではありません。大手メディアの報じた内容もファクトチェックしました。以下は楊井氏の日本報道検証機構によるものです。

「（自民党の選挙公約から）女性の活躍の文字が消えた」は毎日新聞が社説で書いたものでした。これについて調べたところ、自民党の政権公約である「政策ＢＡＮＫ２０１７」には女性活躍の項目がありました。記載の量は前回の衆議院選挙より減っているものの、公約から「消えた」とは言えないとして、「不正確」としています。

「朝日・毎日新聞の報道は「希望と民進の合流は反安倍でとにかくＯＫ」」は、橋下徹前大阪市長が語った言葉を産経新聞がそのまま報じたものです。これについては不正確と判定しています。

また、「新党を作るには、原則国会議員５人以上の参加が必要だが、衆院解散に伴い前衆院議員はカウントできない」も産経新聞が報じたものでした。これについて調べたところ、政治資金規正法施行令、政党助成法施行令に、解散後の前衆議院議員も政党要件の「国会議員」に算定すると書かれており、「事実に反する」としました。産経新聞はこの指摘を受けて記事を訂正しました。

4章　沖縄県知事選挙でのファクトチェック

二度目のファクトチェックは、2018年9月30日に投開票がおこなわれた沖縄県知事選挙でした。この選挙は、沖縄県宜野湾市の市街地に広がるアメリカ海兵隊普天間基地の名護市・辺野古への移設を争点に争われ、全国的な注目を浴びました。

FIJ（NPOファクトチェック・イニシアティブ）では初めて新聞社の参加も得てファクトチェックを実施しました。

●普天間基地をめぐる痛恨の記憶

この普天間基地の問題については、私自身、強い思い入れがあります。それはNHKの記者としての最初の赴任先が沖縄県だったということだけでも、また、その普天間基地の返還要求のきっかけとなった少女暴行事件を取材していただけでもありません。

もちろん、この少女暴行事件の悲劇は忘れることができません。また、その沖縄県民の怒りを目の前で見た時の心を揺さぶられる思いも忘れることはないでしょう。しかし、私が普天間基地にこだわりを持つのは、実は私自身がこの問題でフェイクニュースに加担した経験があるからなんです。それは１９９６年４月のことです。

「普天間基地返還で合意」

宿泊先の東京・渋谷のホテルで日本経済新聞を手に取って絶句したのを昨日の事のように覚えています。一面トップです。実は私は、前日に「クローズアップ現代」で普天間基地の番組を放送し終えて、東京に滞在していたのです。

その「クローズアップ現代」では、普天間基地が返還されない理由を政治部記者が縷々説明していました。私はその番組に沖縄局から参加していました。国谷裕子キャスターが司会を務めるそのＮＨＫの看板番組への参加は、数か月後に東京の報道センターに異動することが決まっていた私にとって、沖縄駐在の記者としての最後の大きな仕事でした。

すぐに、沖縄駐在のアメリカ次席総領事に電話を入れると、こう言われました。

「きのうの番組はとても面白かった。が、とても間違っていた」

「普天間は返還されるのか？」

「橋本総理とモンデール大使が会見するはずだ」

愕然とする私に、アメリカ国務省の外交官は言葉を続けました。

「ところで…、プルーアがそう君に言ったのに、なぜ番組で使わなかったんだ?」

茫然とする私の頭に、「プルーア」の名前がこだましました。ジョセフ・プルーア提督。黒い制服をぴたりと着こなした綺羅星の如く輝くアメリカ軍高官の姿が目に浮かびました。当時のアメリカ太平洋軍司令官、アジア太平洋地域のアメリカ軍の最高責任者です。

実は、このアメリカ軍高官が沖縄に立ち寄った際、私は身柄を拘束されるのを覚悟でカメラマンと突撃インタビューをおこなっていたのです。

「普天間の返還に米軍は応じる用意はあるのか?」

アメリカ軍の屈強な兵士に取り押さえられながらマイクを向けると、プルーア司令官は部下を制して次のように答えました。

「我々が必要なのは普天間の機能であって普天間ではない」

「つまり、返還に応じる?」

「我々の必要なのは機能だ。普天間ではない」

その場にいた次席総領事が言うとおり、これはアメリカ軍高官が普天間基地の返還に応じると明かしたもので、スクープとも言ってよいインタビューでした。しかし、実際には使そうなりませんでした。後にアメリカの中国大使に任命される軍高官のインタビューは使えなかったからです。

もちろん、私としては、このインタビューを軸に、普天間基地の返還の可能性を探る内容を件の「クローズアップ現代」の制作で主張しました。「普天間基地の返還はあり得ると、そうアメリカ軍の高官が明かしたんです。これは使わない手はないでしょう」

しかし、日本政府を取材する政治部記者からの反論にはすさまじいものがありました。「立岩君、無茶な話だよ。政府の内部資料でそれはあり得ないと書かれているんだ。そんな立ち話みたいな話を信用するのは困難だ」

政治家の立ち話をニュースにしている政治部記者の話とは思えませんでしたし、少なくとも「立ち話」といった内容ではありませんでした。プルーア提督は私の質問にわざわざ応じる必要はなかったわけですから。

政治部記者は、防衛庁（当時）から入手したという分厚い資料を持ち込んで、普天間基地が絶対に返還されないことを力説しました。入局5年目の記者だった私には先輩記者に抗う術はありませんでした。結果、番組は「普天間基地は返還されない」という内容となってしまい、インタビューは放送されずに終わってしまいました。

それは私の力不足で本当に残念なことをしたと思いますが、私がその後もこの普天間基地の問題に関心を持ち続けることになったのは、その政治部記者が持ち込んだ資料に書かれていた内容にあります。それを要約するとこういうものでした。

普天間基地は滑走路が極めて厚くできており、これは、有事の際に、戦車を載せた大型輸送機が離着陸できるよう設計されたため。それにかわる施設は他には造れない。

今、辺野古に建設が予定されている新たな施設が既にこの要求を満たしていないことは明らかでしょう。V字型の滑走路を海を埋め立てて造るというものです。しかも、軟弱な地盤であることは既に政府の調査によって明らかになっています。戦車を積んだ大型の輸送機が離発着できる機能はありません。

そうすると、どう考えても、その時に政治部記者が持ち込んだ資料の内容は虚偽だった疑いが極めて強くなります。つまり、この番組は事実と異なる内容を流した疑いがあるのです。

もちろん、番組を作った我々も、情報を持ち込んだ政治部記者も、それが虚偽だとは思っていないわけですから、それをもってフェイクニュースだということはできないでしょう。ただ、その資料を作った日本政府の担当者はどうでしょうか？　ひょっとしたら、それが事実ではないことを認識していたのかもしれません。こうなると、我々は結果的にフェイクニュースの拡散に加担したことになるでしょう。

今、こうして私は政治家の発言などをファクトチェックすべきと言っているわけですが、ここに自らの暗い過去を明かさざるを得ないのは慙愧に耐えません。そして、それは同時に、私の普天間基地、否、沖縄に展開するアメリカ軍基地への強い関心を持続させるものとなりました。

●「沖縄にアメリカ軍基地は集中しているのか？」をチェック

総選挙でのファクトチェックで一定の成果を出したＦＩＪにとって、全国的な注目を浴びる沖縄県知事選挙をファクトチェックしないという話はありません。「ファクトチェックやってください」と、楊井事務局長からも事前に要請がありました。また、楊井事務局長とともにＦＩＪを代表として引っ張る早稲田大学の瀬川教授が沖縄入りして地元紙の琉球新報と話をするなど、主要メディアも参加した形のファクトチェックをおこなう環境が整備されつつありました。

「ＮＰＯニュースのタネ」としても、ファクトチェックをおこないたいと考え、どのようにおこなうか検討を続けました。
まず、総選挙の時に多少混乱したファクトチェックのレーティング表を整理しました。
具体的には、以下のとおりに作り直しました。

事実
ほぼ事実
半分事実
ほぼ事実ではない
事実ではない
真っ赤な嘘

これは後述するアメリカの代表的なファクトチェック団体であるポリティファクトが使っているレーティングとほぼ同じものです。シンプルなものですが、レーティングをシンプルにすると、それだけファクトチェックが難しくなるのも総選挙の時の経験でわかっていました。
今回は、地理的な問題もあり、大阪で一般の人を巻き込んでファクトチェックをするものではなく、私と私のNPOのスタッフである鈴木裕太記者とでおこなうことになります。ですから、ある程度、整理しながら作業を進めることは可能で、レーティングを複雑にする必要はないと判断しました。

実は、選挙前からファクトチェックすべき言説は私の中にはありました。それは、本当にアメリカ軍は沖縄に集中していると言えるのかという点です。なぜなら、「ネット上では、アメリカ軍が沖縄に集中するという沖縄県側の主張は事実ではない」という言説が飛び交っていたからです。

辺野古への移設に反対し知事選に勝利した翁長雄志氏が自身の主張に都合の良い数字を持ち出しているだけという説明は、いかにもまっとうな説明のようになされていました。では、事実はどうなのでしょうか?

ただ、それをファクトチェックする際に、氾濫するネット上の言説をいくつも集めてファクトチェックするのは現実的ではありません。それらがはたしてどれだけ精緻な検証の上に発せられているのかもわかりません。ファクトチェックの対象としては、それなりに責任のある立場の発言、かつ影響力のあるものであることが望ましいからです。

そこで私たちが目を付けたのは、故翁長雄志氏が在任中の「慰霊の日」である6月23日に平和宣言として語った言葉でした。翁長氏が知事として語り、それを沖縄県が公式行事の宣言として出した言葉です。そこには次のように書かれていました。

「戦後実に73年を経た現在においても、日本の国土面積の約0・6％にすぎないこの沖縄に、米軍専用施設面積の約70・3％が存在し続けており、県民は、広大な米軍基地から派生する事件・事故、騒音をはじめとする環境問題などに苦しみ、悩まされ続けています」

翁長知事は2014年の知事選挙に勝利した際にも、次のように話しています。

「（国土の）0・6％の面積に74％の米軍専用施設があるなかで、そのなかで新しい基地を美しい大浦湾を埋めてつくるということに、沖縄県民は大変嘆き、悲しみ、戦後69年間、もう勘弁してくださいよという切実な思いが、今度の選挙ではわかったと思います」

2014年当時は74％だったものが、部分的な返還で2018年には70・3％まで減ったということのようですが、いずれにせよ、在日アメリカ軍基地が沖縄に集中している現状を変えたいという翁長氏の思いが語られた言葉です。それが、そのまま、普天間基地の辺野古移設に反対する根拠ともなっています。

まずは、沖縄県に翁長氏の発言について確認しました。これは、沖縄県に電話をして、知事公室基地対策課に確認すればよいわけです。

「70・3％という数字は、沖縄が勝手に言っているものではありません」とは、どの資料を根拠にしているのか担当者に尋ねてみました。答えは、意外なものでした。

「沖縄県以外の都道府県にもアメリカ軍の施設のあるところがあります。その都道府県で連絡協議会を作っています。そこですり合わせている数字です」

「つまり、これは沖縄県が算出した数字ではない？」

「そうです。沖縄県が出している数字ではありません」

連絡協議会とは、渉外関係主要都道府県知事連絡協議会のことでした。神奈川県庁基地対策課にその事務局があると教わり、早速、電話をしてみました。そこで、沖縄県が言っていることが正しいか確認してみました。

「沖縄県の数字は我々のまとめている数字と同じです。私たちもそういう理解です」

つまり、沖縄県が恣意的にとっている数字ではないということです。これは、客観的な証言と言ってよいでしょう。では、その数字は誰が、どのように算出しているでしょうか？　当然、疑問に思うところです。

「基本的には、防衛省から情報をいただいて、それをまとめています。やはり、防衛省の数字がしっかりまとまっていますし、信頼できますから」

言われてみれば、当然かもしれません。ただ、沖縄県の主張は事実ではないと発言している人の多くは、どちらかというと政府を支持する側の人です。そうなると、おかしなことになります。沖縄県の主張は「事実ではない」と言っている人たちは、自身が支持する政府のまとめた資料を「事実ではない」と言っていることになります。そんなことが本当にあるのでしょうか？

●ファクトチェックは地味、されど大切な作業です

その資料は防衛省が公開していました。その資料から、翁長氏の発言を検証してみました。

まず、翁長氏の発言の「沖縄県の日本に占める国土面積が０・６％である」については、この資料を見る必要はありません。日本の国土は37万８０００㎢で、これに対して沖縄県の面積は２２７１㎢です。つまり、沖縄県の面積が日本全体の０・６％にしか過ぎないことになります。香川県、大阪府、東京都に次いで４番目に小さな県です。

そのうえで、防衛省の資料を見てみます。そこには、北海道から九州までの在日アメリカ軍の専用施設が全て列挙されていました。以下の都道府県にアメリカ軍の専用施設があることが書かれています。北海道、青森県、埼玉県、千葉県、東京都、神奈川県、静岡

県、京都府、広島県、山口県、福岡県、長崎県、そして沖縄県。

ここで、ひとつ注意しなければいけないことがあります。翁長知事の発言は、「米軍専用施設面積の約70・3％」となっていることです。つまり語られているのはアメリカ軍の専用施設ということです。そして、各自治体にあるということです。

沖縄県を除いた他の自治体のアメリカ軍専用施設を見てみます。最も広い面積の専用施設が置かれているのは青森県でした。最近、F35戦闘機が墜落事故を起こした三沢飛行場の他、射爆場や燃料貯蔵施設などで2374万㎡にのぼります。

続いて1473万㎡の神奈川県です。ここには第七艦隊の母港である横須賀の海軍施設の他、同じく海軍の厚木飛行場、陸軍のキャンプ座間などがあります。3番目が東京都で1319万㎡。ここには在日米軍司令部が置かれている横田飛行場やニュー山王米軍センターなどがあります。

ここで翁長知事が「専用施設」と言っている意味がわかります。「ニュー山王米軍センター」はいわゆるアメリカ軍基地かどうか、議論が分かれるところです。基本的には宿泊施設やレクリエーション施設が置かれているからです。もちろん、そこで軍高官が会議を開くことも可能です。ただ、私自身も何度か入ったことがありますが、武装した兵士

アミ部分が在日米軍専用施設のある都道府県

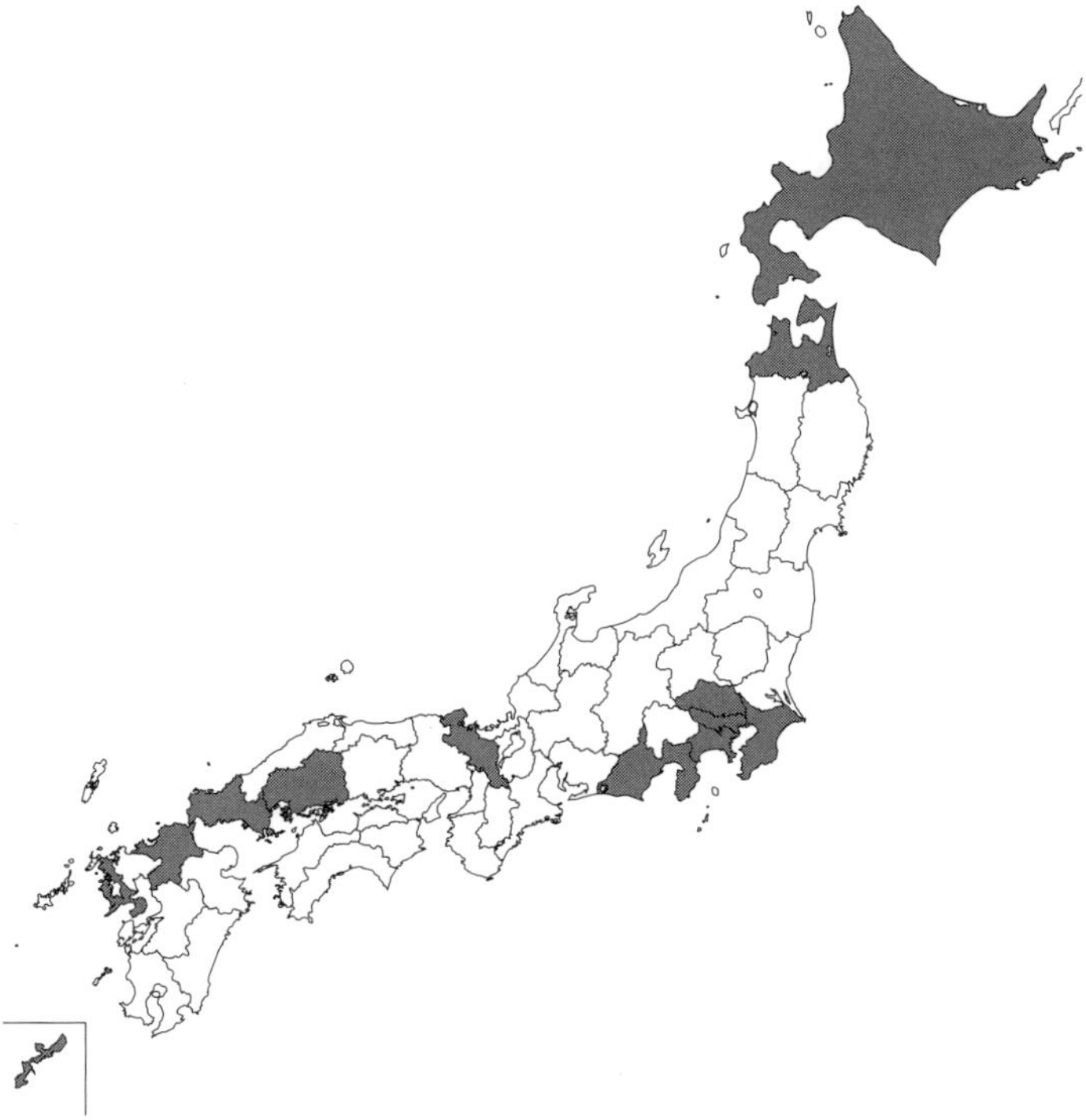

が出入りする場所ではありません。つまり、この数字は、アメリカ軍基地という位置づけのものに限っていないということです。

ちなみに4番目は、安倍総理の地元の山口県です。ここには、海兵隊の岩国飛行場などがあります（広島県と山口県にまたがる）。その面積は８６７万㎡です。

この12都道府県にあるアメリカ軍専用施設の数は47の施設や区域（演習場）となります。その総面積は７８２３万㎡です。よく使われる東京ドーム（４万６７５５万㎡）との面積の比較で示せば、「東京ドーム１６７３個が入る広さ」となります。

一方、沖縄県はどうでしょうか。問題となっている普天間基地が４７５万㎡、北部演習場が３５３３万㎡となっています。この北部演習場より大きいのがキャンプ・ハンセンで４８１１万㎡です。このキャンプ・ハンセンは防衛省の資料では演習場という位置づけになっていますが、実際には海兵隊の31海兵遠征部隊が拠点を置いていて、単なる演習場というよりも基地といった方が適切な気もします。

それはさておき、他にも４０００メートル級の滑走路２本を持ち極東最大の空軍基地と称される嘉手納飛行場があります。これは１９８６万㎡もあります。ちなみに、羽田空港は１５１６万㎡で、嘉手納飛行場より小さいんです。

在日米軍施設・区域（専用施設）都道府県別面積

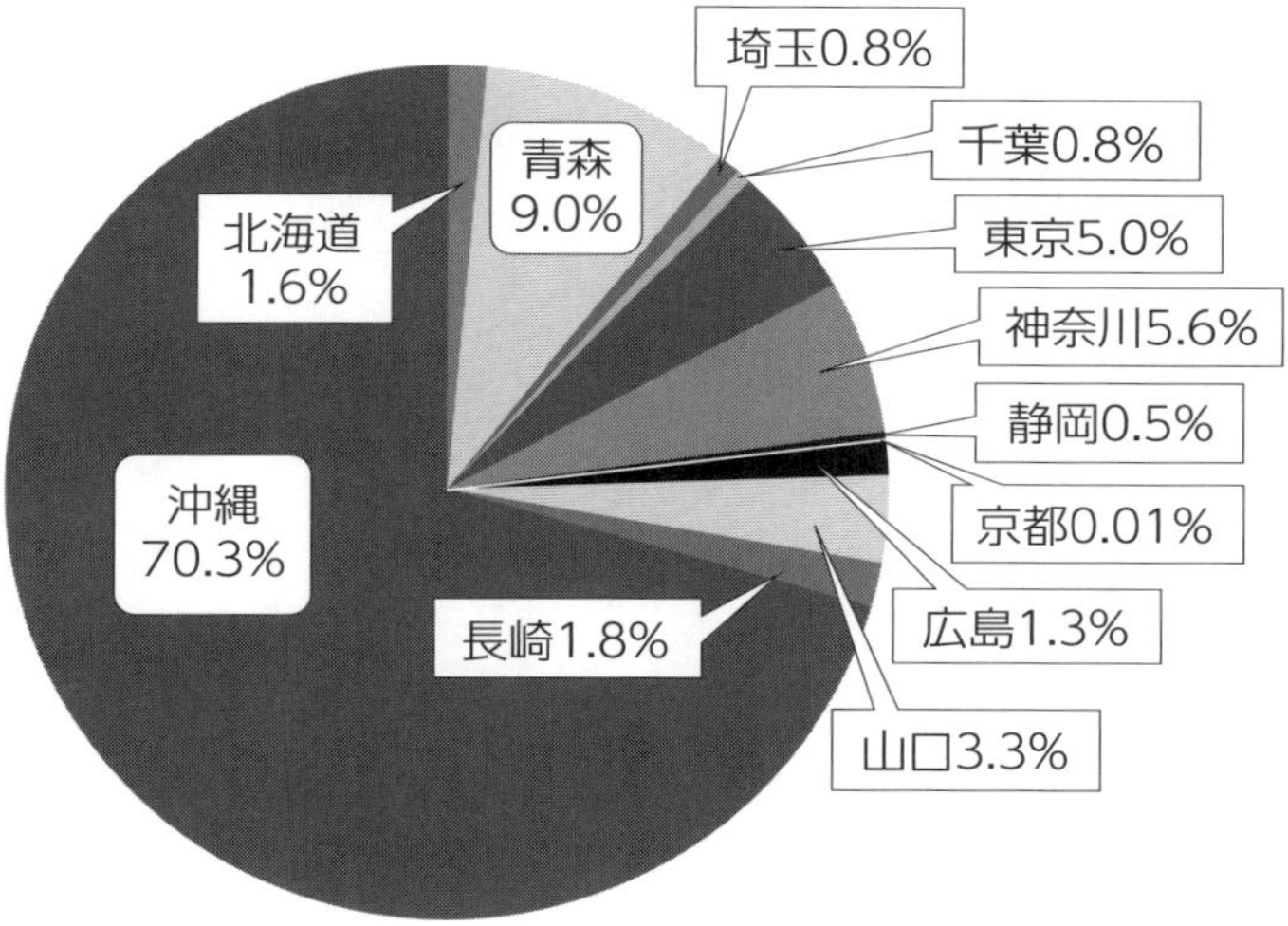

防衛省の資料を基に「NPOニュースのタネ」が作成

こうした沖縄県内のアメリカ軍専用施設を足し上げると、31施設・区域となり、総面積は１億８４９６万㎡、つまり、「東京ドーム３９５５個が入る広さ」ということになります。

ここからは単純な足し算と割り算です。12都道府県の７８２３万㎡に沖縄県の１億８４９６万㎡を足すと総面積は２億６３１９万㎡となります。それを分母に沖縄県の比率を出すと、70・２７６％となります。この最後の数字を切り上げたものが、翁長氏が「慰霊の日」に語った「約70・３％」を意味する数字と合致します。

つまり、翁長氏の言葉は、「事実」というレーティングになります。

これが日本政府の資料に依拠した数字だということは極めて重要です。翁長県政とそれに続く玉城県政との間に緊張関係にある日本政府がまとめた資料が、沖縄県側の主張を支えているからです。

翁長氏の知事就任の時の発言と「慰霊の日」の宣言とで、数字が微妙に変わっているように、少しずつですが返還が実現していることも間違いありません。ただ、12都道府県で最も米軍施設が置かれている青森県でも比率が9・02％でしかないことを考えると、その差は歴然としています。ちなみに、安倍総理の地元である山口県の比率は3・29％です。

調べてみると、大した話ではないように思うかもしれません。調べた結果が「事実」というのはインパクトのない話です。しかし、やはり調べてみないとわからない話はありません。少なくとも、沖縄県が虚偽の主張をしていると言う人は、日本政府が虚偽の情報を出していると言っていることになります。

ファクトチェックとは、必ずしもインパクトのある結果を求めておこなうものではありません。事実を確認する作業とは、作業そのものも地味ですが、その結果得られた内容も地味なものであることが多いのです。それでも、それが確認される前と後では、議論は大きく変わります。

●NHK記者として沖縄赴任していた時のこと

少し個人的な話を続けます。私はNHK記者として沖縄に赴任していた時、当時、沖縄県議会議員だった翁長氏と取材で交流がありました。

当時の翁長氏は、押しも押されもしない自民党の若手ホープでした。その翁長氏が知事になって迎えた2015年5月の沖縄県民大会で、「日米安保体制、日米同盟というものは、もっと品格のある、世界に誇れるものであってほしい」と語るのを、会場となった野球場の観客席で見ました。この発言を聞いた私は何の驚きも感じませんでした。翁長氏が語ったものは、「日米安保体制が重要だと言うなら、それを沖縄に押し付けるな」というひと言に尽きるわけで、それは以前から翁長氏が言ってきたことだからです。

翁長氏の指摘は、なぜ沖縄に米軍専用施設が集中する状況は改善されないのかという憤りから来ます。それは、実は簡単な話で、施設を返還する条件として、代替施設の提供が常にアメリカ側から求められるからです。そして、それに日本政府はこれまで唯々諾々と従ってきたわけです。

その代表例が普天間基地であることはもちろんですが、その他にも那覇港湾施設などがあります。那覇市の中心部に位置する港湾施設です。民間で開発すれば巨大な富を生むことは間違いないでしょう。１９９６年に返還されることが日米政府で合意されていますが、代替地の準備に時間がかかって返還が実現せずにそのままアメリカ軍が使っています。今も巨大な貨物船が横付けされ、そこからアメリカ軍の物資が運び込まれています。

返還に際してアメリカ軍から代替地を常に求められ、それを沖縄県内で用意しようとするので、いつまでたっても沖縄県の求めているアメリカ軍専用施設の比率が下がらないわけです。

そもそも、なぜ沖縄県に米軍が集中するのかについて、沖縄県が極東の安全保障の要石だという指摘があります。英語でKey stone of the Pacificと言います。アメリカ軍がそういう認識に立っていることは間違いありませんが、これをあたかも「事実」として語るのは疑問です。それは、あくまでアメリカ軍の見方というだけのことだからです。

更に言えば、アメリカ軍施設が沖縄県に集中した背景には、沖縄県が１９７２年までアメリカの施政権下にあったという事実と無縁ではありません。一橋大学大学院で沖縄の社会、政治を研究する坂下雅一特別研究員は次のように話しています。

「アメリカの施政権下時代、特に１９４０年代から50年代にかけての沖縄では居住地の強制接収による大規模な基地建設が進められました。大きな政治的な争点となっている海兵隊もこの時期本土に駐屯していた部隊を沖縄に移駐させたものです。

その後、本土では日本政府の働きかけもあってアメリカ軍専用施設の面積は１９７０年代までに大きく縮小したのに対し、沖縄ではわずかな面積のアメリカ軍施設の返還しか進みませんでした。この「格差」に沖縄の人たちは日本政府の「熱意の差」を敏感に感じるわけです。アメリカ軍専用施設の７割が沖縄に集中しているという数字は、この歴史的経緯をわかりやすく示すものと言えます」

●沖縄一括交付金の創設をめぐるファクトチェック

事実上、自民・公明などが支援する佐喜真淳・前宜野湾市長と翁長県政を引き継ぐ玉城デニー・前衆議院議員の一騎打ちとなった選挙でした。

この選挙戦で、玉城候補が「一括交付金の創設を直談判して実現にこぎつけたこと」が自らの実績だと主張したのに対し、一部で事実ではないとの批判が出て、論争になっていました。これについてＦＩＪの楊井人文事務局長がファクトチェックをおこないました。

対象としたのは、玉城候補が同年9月14日にフェイスブックに掲載した以下の文言でした。

「「県や市町村の自由裁量度が高い予算＝一括交付金（通称）の創設」を、政府与党（当時民主党）に玉城が直談判して実現にこぎつけた」

加えて玉城候補は次のように書いていました。

「国会に身を置いた玉城に「一番成果を上げたこと、実績は何ですか？」と尋ねられた。それは何と言っても「第五次沖縄振興計画を沖縄側が主体的に作る戦略」ということとセットして、「市町村の自由裁量度が高い予算＝一括交付金（通称）の創設」を、政府与党（当時民主党）に玉城が直談判して実現にこぎつけたこと、だと自負している。この制度は前の与党（自民党）では「到底無理だ」と言われていたらしく、元知事でさえ「相当厳しい」と漏らしていると聞いていた。２０１０年から２０１１年にかけて、反対意見多勢の内閣府沖縄振興担当とケンケン諤々の議論の末に勝ち取ったこの制度は、２０１２年から実際に現在も施行されていて、現在の沖縄県の振興にも大きな成果をもたらせている」

ファクトチェックの結果を先に書くと、レーティングは「ほぼ事実」でした。

以下、楊井氏の調査結果です。いささか固い表現ですが、楊井氏の書いたものをそのまま掲載します。

玉城氏がいう「一括交付金」は、「沖縄の実情に即してより的確かつ効果的に施策を展開するため、沖縄振興に資する事業を県が自主的な選択に基づいて実施できる一括交付金」（内閣府ＨＰ）で、「沖縄振興一括交付金」とも呼ばれる。

民主党の野田佳彦内閣が２０１１年12月24日、２０１２（平成24）年度予算案の閣議決定で「一括交付金」創設の方針を決めた。法改正案は２０１２年２月10日に閣議決定され、衆議院の修正を経て、同年３月30日に参議院で可決、成立した。

この新制度により、一括交付金の使い道を決める「沖縄振興計画」の策定主体は、それまでの国（政府）から沖縄県に変更された。立法経緯の詳細は、参議院事務局が出しているレポート「沖縄復帰40年・沖縄振興は新時代へ」（松本英樹、『立法と調査』２０１２年８月１日号）にまとまっている。玉城氏は、政府与党（当時、民主党）に「一括交付金」制度の「創設」を「直談判した」と主張しているので、そのような事実があるのか、調べた結果、以下の事実がわかった。

玉城氏は、２０１１年６月１日、衆議院の沖縄及び北方問題に関する特別委員会で、沖縄県から使途の自由度のある一括交付金の要望が出ていることについて政府に質問し、枝野幸男官房長官（当時）から「できるだけ前向きにと考えている」との答弁を引き出していた。その上で、「一括交付金制度の創設、まさに、沖縄のポテンシャルをこの日本という国のために存分に生かしていただきたい、また生かさせていただきたいという思いがこもっていることですので、重ねてお願いをしておきたいと思います」と念を押していた。

ちなみに、この委員会では、公明党の遠山清彦議員も出席し、「先ほど玉城デニー議員も、私がこれから聞くことと大分同じ質疑をされていたんですが、一括交付金というのを沖縄県知事を先頭に求めているわけでございます」と玉城氏の発言に言及しつつ、同制度の創設を求めていた。

玉城氏は、2011年7月8日、民主党沖縄協議会のメンバーとして沖縄振興一括交付金の創設を提言していた。旧民主党アーカイブサイトには、首相官邸で枝野幸男官房長官（当時）に提言を手渡しているシーンの写真が掲載されており、玉城氏も中に入っていた。

この件について玉城氏の選挙事務所に問い合わせたところ、玉城氏は「一括交付金は、平成23年12月末に閣議決定された平成24年度政府予算案で創設の方針が決まったもの」との認識を示し、「政権与党だった民主党の沖縄政策プロジェクトチームの一員として、政務三役らに直接働きかけるなど、その実現に取り組みました」とメールで回答した。

また、民主党政権下で一括交付金を担当する総理補佐官を務めた逢坂誠二衆議院議員は、「玉城デニーさんからも繰り返し要望を受けた」と証言している。具体的な時期は明らかでないが、逢坂氏は２００９年末から２０１０年９月まで総理補佐官を務めており、この時期のことと推測される。

一括交付金の創設を「政府与党（当時民主党）に玉城が直談判して実現にこぎつけた」との主張のうち、「直談判」という部分は「直接かけあう」という意味だから、そうした事実があるかは客観的に検証できる。

他方、「実現にこぎつけた」という部分は、自らの成果をアピールする政治的主張と読める。「実現」の意味は、閣議決定で創設方針を決定した時点までを指すのか、修正協議後の法案成立までを指すのかは、解釈で分かれる。「実現」に至るまでにも、様々な部署や人物が絡み合っている。玉城氏もそのうちの一人には違いないが、「直談判」が「実現」にどれだけ寄与したのかは、評価の分かれる問題であろう。

国会での質問や政府への直接要請、水面下の交渉といった「玉城氏の直談判」が一括交付金制度の「実現」に一定の寄与をしたことは推認できるが、「実現」にどれだけ寄与したのかを客観的に検証することは不可能と言える。

公明党の遠山清彦議員は、玉城氏がフェイスブック投稿で「実績」をアピールしたことについて、9月15日、ツイッターで「ゆくさー（うそ）」と批判した。

その批判の主たる根拠は、一括交付金制度の創設方針が閣議決定された後、与野党修正協議における実質交渉メンバーに入っていなかったことであった。

しかし、玉城氏は、もともとフェイスブック投稿で「2010年から2011年にかけて、反対意見多勢の内閣府沖縄振興担当とケンケン轟々の議論の末に勝ち取った」と述べており、2011年末で創設の政府方針が決まるまでの自身の関与を強調していた。

そして、上記の検証のとおり、玉城氏が一括交付金制度創設に向けて政府与党に直談判していたこと自体は「事実」であった。遠山議員がこうした「事実」を無視して、もっぱら2012年3月の与野党PT交渉メンバーに入っていなかったことをもって、玉城氏の主張を「うそ」と決め付けたのは、行き過ぎであろう。詳しい経緯の知らない読者を、玉城氏が一括交付金「創設」に向けて「直談判」を含む関与をしていなかったかのようにミスリードしようとしたとの疑いも残る。

以上が楊井氏のファクトチェック記事からの抜粋です。弁護士らしい文章ですが、論旨は明快です。

楊井氏は、まず玉城候補が沖縄振興一括交付金制度の「創設」を「直談判」したとの主張を確認しました。それは国会の議事録を調べることで確認でき、その結果、国会で玉城候補が発言をしていることを確認できました。また、首相官邸への提言（同年7月8日）が玉城候補を含む議員団によっておこなわれていることも確認できました。このため、制度の創設を直談判したという点については「事実」に基づく主張だと判断しました。

ところで、難しいのは、「実現にこぎつけた」という部分です。この点は、私も議論に加わりました。玉城候補の働きかけは一定の寄与はあったであろうとは思われますし、それによって制度が実現したとも言えるかもしれません。ただ、人により評価の分かれる点もあります。政治の世界は、どこの段階で決まったのかは、時間が経たないと明確にならないことが多いからです。その結果、検証はできないとの判断に至りました。

これらを総合的に判断して「ほぼ事実」という判定をおこなったということです。つまり、沖縄振興一括交付金制度が創設され、その過程において玉城候補が「直談判」をおこなっている事実が確認されている点に嘘はなく、制度の創設を「政府与党（当時民主党）に玉城が直談判して実現にこぎつけた」という言説は「ほぼ事実」だということです。

●調査報道から見える沖縄のファクト

以上、沖縄県知事選挙時のファクトチェックを2つ紹介させていただきました。ひとつは私と私の「NPOニュースのタネ」の鈴木裕太記者がおこなったもので、もうひとつがFIJの楊井事務局長がおこなったものです。

沖縄県知事選挙のファクトチェックには、他にも琉球新報、バズフィード・ジャパンなどが参加してそれぞれで記事を出しています。琉球新報社はその記事が評価されて新聞労連大賞を受賞しています。

これはFIJにとっても大きな栄誉だと言ってよいでしょう。ファクトチェックは総選挙の事例でもわかるとおり、必ずしもプロのジャーナリストのみでおこなわなければならないものではありません。ただ、新聞やテレビ、通信社がファクトチェックをおこなうということは歓迎される話です。是非、多くのメディアが琉球新報の後に続いてくれることを期待します。

ひとつ書き加えておきたいことがあります。ファクトチェックには弱点もあるということです。弱点というと語弊があるかもしれませんが、あまり長期にわたって調べることができないのです。例えば、選挙中の発言を半年間にわたって調べて結果を出したとしても、その時には、そのファクトチェックの価値はあまりありません。

ファクトチェックはある程度短期間で結果を出せるものを対象におこなうべきです。これは、ＦＩＪだけでなく、世界各国のファクトチェック団体でも概ね、そのようにとらえています。

ですから、ファクトチェックには深い調査ができないという限界もあるわけです。その部分を埋めるのは調査報道です。その違いは明確です。前述のとおり、沖縄のアメリカ軍基地の問題に感心を持ち続けている私は、アメリカで公文書館に通ってアメリカ政府の記録を集める作業を続けています。こういう作業をして新たな事実、これまでに明らかになっていない事実を見つめる作業、これを調査報道と呼びます。

その結果、面白い事実を発掘した事例がありますので、紹介しましょう。

ワシントンＤＣの郊外にアメリカ政府の資料を集めた国立公文書館があります。度々訪れては沖縄に関する資料を集めていた私は、ある文書に目を止めました。

「琉球の問題について2点挙げたい」

そう英文で書かれた資料は1957年6月21日におこなわれたアメリカ政府高官と日本政府高官との会談を記録した議事録でした。「琉球」とは「Ryukyu」と書かれており、沖縄を指していることは明らかでした。それは次のように続きました。

「1点目は、日本に10万人の（琉球の）出身者がおり（琉球の）居住者は日本人であること。それ故、この問題は琉球だけの問題ではなく、日本人9000万人の問題であること」

当時、沖縄はまだアメリカ政府の施政権下にありました。それでも、この日本政府代表は、沖縄の問題は日本の問題だと主張しているのです。

その発言者のところを見て意外に感じました。「Kishi」と書かれていたからです。最初のページを見ると、そこに「Prime Minister Kishi」と書かれていました。当時の岸総理です。意外に思ったのは、岸総理は戦後の日本の保守政治家の代表のような人物で、沖縄に寄り添うような発言が知られた人物ではなかったからです。

岸総理の発言は次のように進みます。

「2点目は、（琉球の）土地の希少性」

そして、アメリカ軍が沖縄で軍事施設を拡張している現状への懸念を示し、「もし、土地が軍事目的で求められるとなると、代わりに使える土地を見つけるのが困難となる。琉球の人々の感情に配慮して対応してもらいたい」と注文を付けていたのです。

1957年と言えば、終戦から12年。1950年に勃発した朝鮮戦争は休戦を迎え、1952年にサンフランシスコ講和条約が発効して、日本は主権を回復します。しかし、アメリカの存在はとてつもなく大きく、しかも、東アジアを取り巻く状況は混とんとしていました。

今、日本の政府関係者が、混とんとした東アジアの状況を理由に沖縄にアメリカ軍が駐留することの重要性を強調しますが、当時の状況から考えたら今は安定しているとも言えるでしょう。実際に、戦火を交え、まだその火はくすぶっている状態だったわけです。

そのなかにあって、当時の岸総理はアメリカ政府に向かって沖縄の人々の思いを示した発言をしていたことになります。こうした点は、これまであまり語られてこなかった歴史の事実です。調査報道は時間がかかる作業ですが、そこから出てきた事実を提示するという極めて大事な取り組みとなります。

●本土米軍の沖縄移転のファクト

この文書の他にも、1950年代の在日アメリカ軍をめぐる記録の多くが機密指定を解除されて誰でも入手できるようになっています。ただ、それを実際に見つけるには、何度か公文書館に通わないといけません。

いくつか紹介しましょう。１９５７年7月10日に作成された国防長官のためのメモランダムには、北海道から九州までに展開していた当時の在日アメリカ軍の状況が、以下のように書かれています。

陸軍：２万７５００人

海軍：８７４０人（加えて船上に２７６０人）

空軍：４万９２５０人

海兵：１万３４００人

これも、今の状況から見れば、驚きではないでしょうか？　前述の翁長元知事の発言のファクトチェックを思い出してください。実は、１９５０年代はこれだけ多くのアメリカ軍部隊が本土に展開していたわけです。海兵隊も１万３４００人が本土に駐屯していたということです。

そして、この文書では、「40％から50％の削減」を目指すとしています。ところが、そこで削減された部隊は、アメリカ本国へ戻すということではありませんでした。その行き先として既に沖縄が想定されていたからです。

この時期の公文書には、「Troop Build-Up, Okinawa（沖縄のアメリカ軍増強）」というタイトルのものが多くなります。アメリカ軍を日本本土からアメリカが施政権を有する沖縄に移すための作業が始まったからです。

1954年10月6日、当時のアメリカ極東司令部が国防長官に対して送った文書には、詳しい費用の見積もりが出ています。このうち、日本本土から沖縄に海兵隊を移駐させるための費用は、8150万ドルとなっています。当時の1ドル＝360円換算で293億円余りです。かなり大きな金額です。

興味深いのは、同じ規模の陸軍を移設するよりも3000万ドル（約108億円）多くかかると試算している点でしょう。その理由として飛行部隊の整備が挙げられています。つまり、金額は多くかかっても海兵隊を沖縄に移駐させるという判断をしていたことがわかります。

では、なぜ、こうしたアメリカ軍の沖縄県への配置転換は進められたのでしょうか。国防次官から米軍の制服組トップの統合参謀本部議長に送られた1957年5月29日付の文書には、「講和条約に署名をした1952年以降、日本（本土）に急激なナショナリズムが醸成されている」としたうえ、日本本土での反基地感情の高まりを受けて在日米軍の縮小を検討する必要があると伝えています。

こうした日本本土の意識変化と本土への復帰が遅れた沖縄との差が、沖縄へのアメリカ軍の配置転換を促したということなのでしょうか。日米外交史が専門で、沖縄のアメリカ軍基地の成立を公文書の分析で明らかにしてきた沖縄国際大学の野添文彬准教授は次のように話しています。

「日本本土からアメリカ軍を減らすという判断は、日本側の要求として強くあり、それに押される形でアメリカ政府も応じざるを得なかった側面があります。やはり、日本人が巻き込まれる事件が起きるなどしていますし、日本人の中に権利意識が出てきたこともあります」

では、なぜ日本本土にあった海兵隊が沖縄に移駐することになったのかは、研究者の中でも議論が分かれていると話します。

「当時のアメリカ側の記録では、アメリカ本国に返すべきという意見が多かったことがわかります。それが結果的に、沖縄に集中的に移駐されることになった理由については、中国が台湾の島々を襲撃した台湾海峡危機への対応だったという説が有力になっていますが、まだ確定したわけではありません。

その理由の解明には、研究者、ジャーナリストの更なる取り組みが必要ということでしょう。ただ、沖縄のアメリカ軍基地が、施政権を回復した日本本土でアメリカ軍に対する反発が強まるなかで避難的に拡充されたこと、それについて当時の岸総理が懸念を表明していたということは、今の沖縄のアメリカ軍の状況を議論するうえで重要な事実を我々に突きつけていることは間違いありません。これは岸元総理が安倍総理の祖父にあたり尊敬する政治家としているということを抜きにしても、政府が重く受けとめて考える材料とは言えるでしょう。

こうした調査報道はファクトチェックとは異なり、長い時間をかけてひとつの問題に取り組む取材手法です。当然、訓練を積んだプロのジャーナリストの仕事です。しかし、繰り返しになりますが、ファクトチェックは必ずしもそこまでの訓練は必要ではありません。一定の訓練を積めば、誰でもできます。

ジャーナリストが調査報道を担い、さらに幅の広い層がファクトチェックを担うというのが理想かと思います。

5章 大阪ダブル選挙でのファクトチェック

２０１９年４月７日に投開票がおこなわれた統一地方選挙。中でも、大阪では、予定されていた府議会議員選挙、大阪市議会議員選挙に加えて、府知事選挙、市長選挙が急きょ加わり、注目を集めました。

府市長選挙から「大阪ダブル選挙」と称されたこの選挙。問われたのは府知事、市長を擁する大阪維新の会が主張してきた大阪都構想の是非でした。このため、私たちは、この都構想を軸に事実の検証をおこなうことにしました。

●善悪を議論するのは止めましょう

「二重行政って、あるんですか？」

２０１９年４月の統一地方選を数週間後に控えた大阪市で、私は集まった人々にこう尋ねました。この「二重行政」は後述するように大阪の選挙のひとつのキーワードとなっていたからです。

私の視線の先には、ジャーナリストの他、経営者、教師、元地方公務員、元政治家、市民グループ参加者などの大阪市民の男女の皆さんがいます。このメンバーを「ファクトチェック大阪」と称することにしました。ファクトチェックをおこなう大阪のチームという意味です。ファクトチェックの手法を教える立場の私は、マスメディアでいうところのデスク役です。指示を出し、帰ってきた答えを整理します。

「維新は「二重行政、二重行政」って言っていますけど、そんなことないですよ」

元地方公務員の男性がそう言いました。そこで、私は更に問いかけます。

「本当にそう言い切れるのでしょうか？」

その横から、別の参加者が口をはさみました。

「二重行政が悪いわけじゃないんですよ。維新は二重行政が悪のような言い方をしますが…」

その発言の途中で、私は釘を刺しました。

「ちょっと待ってください。二重行政の善悪を議論するのは止めましょう。二重行政があるのかないのか、そこをチェックして欲しいんです。発言の良し悪しは議論する必要はないんです」

政策の良し悪しは、ファクトチェックとは関係ありません。あくまでも発言が事実か否かを確認するのが目的だからです。私は黙って議論を聞いていた教師の男性に向いて言いました。

「この二重行政の部分、確認していただけませんか?」

学校の先生なら客観的にものを見ることはできるはずです。中学校の教師は、「わかりました」と言ってメモを取り始めました。しかし、すぐに顔を上げて、「どうやって確認したらいいですかね?」と尋ねてきました。私はもちろん、ネット上で集められる資料はあるでしょうが、と伝えたうえで次のように伝えました。

「まず、総務省に確認してください。総務省はどう考えているのか、是非知りたいところです」

彼は、「わかりました」と言いました。

「じゃあ、次の発言に行きますか」

私はそう言って、配布した資料に再び目を落としました。その資料は候補者討論会を文字おこししたものでした。

その討論会は、朝日新聞、毎日新聞、産経新聞が合同でおこなったもので、大阪府知事選挙に出ている吉村洋文候補、小西禎一候補と、大阪市長選挙に出ている松井一郎候補、柳本顕候補が参加していました。吉村候補、松井候補は維新の会の公認候補。小西候補、柳本候補は自民党、公明党府本部などから推薦を受けています。

ファクトチェックで候補者の発言を精査する際、まず発言の文字おこしが必要になります。発言を録音した音声でチェックすると印象に影響され、正確性を欠く恐れがあるからです。

討論会はその要約が記事になってはいましたが、要約でもファクトチェックはできません。これも当然でしょう。正確性を欠く恐れがあるからです。

朝日新聞の知人に確認すると、討論全文の記事化に向けた作業を進めているということでした。それで、その全文公表を待って作業を始めました。集まった参加者に配られたのは、その全文のコピーだったわけです。

資料を見ながら、どの発言をチェックするのかを議論しました。「ファクトチェック大阪」のメンバーの中で、私と一緒に「NPOニュースのタネ」で取材をしている鈴木裕太以外はファクトチェックの経験はありません。学校の先生と言えども、いきなり「総務省に確認してください」と言われて戸惑うのは無理もありません。

後述するように、2017年10月の総選挙でも、国の機関への問い合わせはファクトチェックに不可欠です。もちろん、ネットを通じて確認できる情報もあります。国、地方のいずれも行政機関は様々な情報をウェブサイトで公開しているからです。それらを引っ張り出すことも最低限やらねばなりません。それでも、直接、行政機関に確認する必要はあります。

多くの人は、新聞記者や弁護士でもないと行政機関に電話をしてもまともに対応してくれないと考えています。しかし、そんなことはありません。

私は今、「フリーのジャーナリスト」を名乗って問い合わせをしていますが、別にNHK記者だった頃と異なる対応をされたと感じることはありません。もちろん、NHK記者の頃は、政府機関の当該部署に直接顔を出すことも可能なので、より深い取材ができることは間違いないかと思います。ただ、ファクトチェック、つまり事実を確認する作業なら、「フリーのジャーナリスト」でも、「ファクトチェックをしている市民グループ」でも問題ありません。十分にして丁寧に対応してくれます。

こうして我々は討論会の候補者の発言について参加者で割り振り、ファクトチェックをおこないました。調べが足りない部分についてはその都度、私から更に調査を進めるよう求めました。そして、参加者はそれぞれ誠実に、この取り組みに向き合ってくれました。

以下に紹介するのは、そのファクトチェックの取り組みの一部です。

●吉村候補「マニフェスト9割達成」発言のファクトチェック

新聞3社主催の討論会の冒頭で、吉村候補が次のように話していました。

「マニフェスト（公約）に掲げたことについては、9割は達成できたと思っています。ただ、どうしても達成できなかったこと、これが都構想の再挑戦です」

これに関連して松井候補も次のように発言していました。

「2015年11月のダブル選で僕と吉村市長は、この都構想に再チャレンジすることを真正面に掲げて選挙を戦った」

吉村候補の「9割は達成できたと思っています」は、本人の認識なのでファクトチェックの対象ではありません。ファクトチェックの対象はあくまで発言の中の事実です。認識や意見は好き嫌いでしか判断できません。ファクトチェックのしようがないのです。

頼まれた元政治家の男性は、「9割と言って良いかどうか」と過去の実績を調べて頭を悩ませてくれましたが、「9割」はあくまでも認識であって「事実」の表明ではありませんから、これが事実かどうかを確認することはできません。では、「どうしても達成できなかったこと、これが都構想」というのはどうでしょうか。これはファクトチェックの対象ですし、事実と言えるでしょう。

ただ、松井候補の発言には事実と異なる点がありそうでした。前回の大阪府知事選挙に出て勝利した松井候補は選挙広報に都構想の再挑戦を掲げていました。また、維新の会のマニフェストにも都構想の実現が書かれていました。そう考えると、事実のような気もします。しかし、調べてみると、大阪市長選挙に出て勝利した吉村候補の選挙広報には都構想の文字はありませんでした。

つまり、「僕と吉村市長は、この都構想に再チャレンジすることを真正面に掲げて選挙を戦った」というのは、事実とは言えないわけです。報告書の説明を聞いていて、なるほどと思わされました。2015年に大阪市で実施された住民投票で僅差ではありますが、都構想は否決されています。大阪市内では都構想は決して評判が良いとは言えないのです。

それは、大阪市が消滅して大阪府に統合されるとの印象が強いからでしょう。だから、大阪市長選挙に限って言えば、あまり都構想を声高に叫びたくはないという事情があるのです。選挙広報に入れていないというのは、まさにそうした心理が働いたということでしょう。いずれにせよ、知事選挙に出た松井氏は都構想を声高には叫んだものの、市長選挙に出た吉村氏は「真正面に掲げて選挙を戦った」とは言えなかったということでしょう。

この、大阪市が消滅するということに対する反発には根強いものがあります。後述しますが、東京が東京市をなくせたのは民意を反映させる環境がなかった戦前のことだからです。民意が反映される今の状況で、もし仮に横浜市や名古屋市、あるいは広島市が消えることを考えたら、当該市民が強く反発するのは必至でしょう。それを意識したものと思われますが、討論会で松井候補は次のように話しています。

「都構想という新しい制度をつくっても、大阪市のエリアが消滅するようなことではない。都市はそのままです。都構想は、行政の制度を見直すだけのことであります」

私たちはこの発言もチェックしました。これは市民活動に従事している男性がかなり細かく調べてくれました。

いわゆる都構想の根拠となる法律「大都市地域における特別区の設置に関する法律」の第1条には以下のとおり定められています。

「第1条　この法律は、道府県の区域内において関係市町村を廃止し、特別区を設けるための手続並びに特別区と道府県の事務の分担並びに税源の配分及び財政の調整に関する意見の申出に係る措置について定めることにより、地域の実情に応じた大都市制度の特例を設けることを目的とする」

また、大阪市のホームページ「大都市制度（総合区・特別区）の検討・取組みについて――「総合区」「特別区」ってなんだろう?」には特別区制度には以下の解説がされていました。

「特別区制度は大阪市をなくし、特別区を設置します」

こうして見ると、「都構想という新しい制度で大阪市は廃止されるが、大阪市のエリア、つまり地域は消滅しない」という松井候補の発言自体は間違いではありません。また、「都構想は行政の制度を見直すだけ」、つまり行政制度である大阪市を廃止するという点も事実を伝えていると解することはできます。

一方で、「都市」とは「多数の人口が比較的狭い区域に集中し、その地方の政治・経済・文化の中心となっている地域」（デジタル大辞泉）とされています。特別区という4つの自治体が設置されることから「都市はそのまま」となるか疑問は残ります。

実際に、都構想が実現するとどうなるのでしょうか？　それを知るには、都構想のモデルとなっている東京の事例を見ればわかります。

１９４３年に当時の東京府は東京市を廃止して東京都になっています。東京市は東京23区というエリア（地域）としては、現在も残っています。しかし、76年前の東京市という概念を現在も共有している東京都民は極めて稀でしょう。ちなみに、東京市がかすかに記憶に残っている可能性のある80歳以上の東京都民（日本人）は都民全体の約7％（2019年1月現在）でしかありません。

例えば、世田谷区と江東区の住民がひとつの共通するアイデンティティーを有しているかと問われれば、「もちろん、そうだ」と答える人はかなり少数でしょう。私自身は港区と目黒区の住民でしたが、例えば江東区、墨田区といった東京の下町に住む区民とアイデンティティーを共有していたという意識はありませんでした。そもそも、「東京市民」という概念を考えることはありませんでした。

つまり、現在において東京市という概念が共有されていると考えるのには無理があると言えます。そう考えると、松井候補の「（大阪市という）都市はそのままです」は将来的なことを考えた場合、事実とは言えないでしょう。

●二重行政と都構想

討論会の中で、そもそも都構想がなぜ必要なのかも議論されていました。吉村候補は次のように説明しています。

「大阪市というのはものすごく小さなエリアの中に都道府県が二つあるような状態です。この状態の中で、大阪市と大阪府がそれぞれ同じような権限を持ち、縄張り争いをし、そして二重行政を重ねてきた。これがまさに大阪の不幸の歴史であります。まさに、これが大阪の成長を阻害してきたと思っています。現在、大阪には一本化する司令塔、つまり大阪全体の成長戦略を描く、そういった司令塔がないという状況で進んできたのが、これまでの大阪市と大阪府の関係」

冒頭、私たちの議論で紹介した「二重行政」についての吉村候補の発言です。都構想推進派がよく使う言葉に、「フシアワセ」というのがあります。府と市が「縄張り争いをして二重行政を重ねてきた」という過去の状況を揶揄してのものです。つまり、二重行政の存在を解消することが都構想の発想の原点なのです。

これに対して、小西候補は次のように反論しています。

「司令塔の一元化ということをおっしゃっています。あるいは今の府市の状態では同じ権限を持って、ということをおっしゃるけど、法律上、府と市が同じ権限を持つってことはあり得ないわけで、権限上は大阪府か大阪市に属しているわけです」

小西候補は、そもそも大阪市と大阪府はそれぞれで行政上の権限が明確になっており、吉村候補の言うような「同じ権限を持ち、縄張り争いをし、そして二重行政を重ね」るようなことはないと主張しています。これは都構想を考えるうえで前提条件となる重要なポイントです。ただ、両者の言葉全体を調べるのは困難です。そこで、私たちは二重行政の存在についてのみ調べることにしました。冒頭の私たちの議論がそれです。

その調査結果を先に書きますと、小西候補のこの発言は事実とは言えないというものです。教員の男性が総務省に確認したところ、道府県と政令指定都市との間での二重行政の存在を否定しませんでした。実は、それを解消するための調整機能も総務省は準備していました。それは、都道府県と政令指定都市との間で二重行政の問題が生じた時は、どちらか問題を認識した側の長が話し合いを申し入れるというものです。過去には、福岡県と北九州市とがこの仕組みを利用して二重行政の問題を解決しているということです。

ちなみに、福岡県には福岡市と北九州市と2つの政令指定都市があります。これは規模こそ違いますが、大阪市と堺市がある大阪府と似ています。そこで福岡の状況も取材してみました。

それは難しいことではありません。福岡県議会事務局に、過去の議事録を調べてもらい、二重行政について議論があったかどうか、確認してもらいました。県議会事務局は議事録を丁寧に調べてくれました。

その結果は、議会で二重行政について質疑があったのは一度だけでした。これは２０１５年５月のことで、それは知事の定例会見で大阪の都構想が取り上げられたことについての質問についての確認でした。この会見で記者から「大阪では二重行政の解消のために都構想が議論されているが？」と問われていますが、知事は「議論を見ていきたい」とは言いつつも、明確には二重行政については答えていませんでした。また、県議会の質疑でも、記者会見の内容を確認するにとどまっていました。

つまり、二重行政の存在は少なくとも福岡県では吉村候補が大阪の事例で語ったような懸案事項となっている状況ではないということでしょう。

そういう意味では、吉村候補の発言は、事実ではあるものの、多少、誇張が含まれている可能性があります。

例えば、「フシアワセ」でよく事例に出されるものに、図書館の存在があります。大阪市中央図書館と大阪府中央図書館の存在です。しかし、大阪市中央図書館は大阪市内にあり、大阪府中央図書館は東大阪市にあります。また、大阪府中央図書館は大阪市以外の自治体に設置されている図書館の中枢機能としての役割を担っています。役割は自ずと違うものになっています。これを「二重行政」と指摘することは可能かとも思いますが、その弊害とまで言ってしまうのは無理がある気がします。

●都構想をファクトチェック

討論会で柳本候補は、「8年前から（府知事、大阪市長の）ダブル選があって進んできた都構想。あるいは、4年前からは副首都という言葉も出てきていますが、いずれも東京のまねでしかありません」と発言しています。

一方、それに呼応する松井候補は「東京は1943年に東京都にかわりました。それから80年弱が経過して、まさに一極といわれる日本をけん引する、成長する大都市になったわけです。なぜそこを目指さないのかが、僕はもう、まずそこを目指していくべきだと思います」と発言しています。

まず、柳本候補の発言ですが、都構想については「東京のまねでしかありません」は、松井候補自身が「そこを目指していくべき」と発言しているように事実だと言えるでしょう。ただ、副首都まで東京のまねと言えるのかは疑問です。副首都の構想は、2015年に大阪府と大阪市が副首都推進本部を設置して進めているものです。推進本部の資料によれば、「我が国の地形・地勢を考慮すると、東京に加え、西の拠点としての大阪の中枢性を再構築していくことが極めて重要」となっています。また、「東京一極集中は大きなリスク要因であり、東京以外に日本を支える拠点都市を戦略的に確立することが必要」とも指摘しています。これは、都構想の目指す方向を示したものと思われます。

つまり、都構想と副首都構想は表裏一体とも言えるわけです。しかし、副首都という構想は東京から出たものというのには無理があります。副首都として「日本を支える」とする発想が東京のまねとまでは言えないからです。従って、柳本候補の上記の発言は、半分は事実ですが、半分は事実ではありません。

●東京都創立の歴史的経緯

次に、松井候補の発言です。この発言は極めて重要だと思われます。と言うのは、これこそがまさに都構想の着想の原点だと言えるからです

１９４３年に当時の東京府が東京市を廃止して東京都になったのは歴史上の事実です。このため、松井候補の発言の前半部分である「東京は１９４３年に東京都にかわりました」に事実誤認はないでしょう。また、後半の、「それから80年弱が経過して、まさに一極といわれる日本をけん引する、成長する大都市になったわけです」も、語られている言

葉に間違いはありません。

ただ、この言葉の持つ意味は実はそれだけではありません。前半部分と後半部分とは並列ではなく、前半が前提条件となっているからです。詳しく見てみましょう。


まず、文章を因数分解してみます。

「東京は1943年に東京都にかわりました」は前提条件。そして、「それから80年弱が経過して」は事実関係についての言及。そして、「まさに一極といわれる日本をけん引する…」と結論に至る、という形です。この部分は、「それ故」を加えて、「それ故、まさに一極といわれる日本をけん引する…」と見てよいかと思います。そうでなければ、そもそも都構想という発想にはならないからです。松井候補が、東京を目指すべきだと続けているのはその点を指しています。

つまり、東京が都制度を導入していることが「日本をけん引する、成長する大都市になった」理由だという説明になるわけです。それは本当なのでしょうか?

指摘のとおり、1943年、東京市の消滅によって東京の中心部の基礎自治体はなくなり、本来広域行政を担う東京都が基礎自治体の行政も担う形となっています。しかし、これは調べると、「一極といわれる日本をけん引する」ための変更ではありませんでした。

長年地方自治を研究している早稲田大学の稲継裕昭教授によれば、それは「首都防衛の観点」であり、そのため、当時の「東京市は官選の長官（現在の知事）に率いられた東京都に吸収された」ということです。

1942年のミッドウェイ海戦以後、太平洋戦争の戦局は厳しいものになります。こうしたなかで、総力戦に対応しうる国内体制の成立が急がれます。そのひとつが、東京市を廃止して東京都に吸収するというものだったということです。つまり、もともと東京都の成立は国防上の観点からで、経済成長を狙ったものではなかったわけです。

一方で、戦後もその東京都の制度が維持され、結果として「日本をけん引する」立場になったことも間違いありません。

その東京で、東京23区が区の共通の課題などについて議論する機関として特別区制度調査会が設置されています。この特別区制度調査会には調査課があり、都区制度について提言をまとめるなどしている他、都区制度の歴史についても記録を保存しています。その調査課に、「東京の成長は都区制度によってもたらされたものか？」と尋ねたところ、否定的な回答でした。「都区制度はあくまでも住民生活のための制度であって、成長のための制度ではない」ということでした。そもそも、東京の都区制度と発展とを実証的に調べた研究というのは存在するのでしょうか？　調査課では把握していないとのことでした。

一般的にも、東京が「まさに一極といわれる日本をけん引する、成長する大都市になった」理由は、以下の別の理由を挙げる方が自然かと思います。

まずは、大規模な国家プロジェクトの東京および周辺での実施です。1964年の東京オリンピックは代表的な事例でしょう。また、羽田、成田といった国際空港の建設、拡充も挙げることができます。成田空港にいたってはそもそも東京都内に建設されておらず、東京都の制度とは無関係なものだと言えます。

また、中央政府の許認可権を求めた企業が東京に本社機能を移した点も見過ごせません。日本を代表する企業の多くは、実際には東京以外で始まっているケースが多くあります。製薬会社、繊維会社、新聞社など大阪で始まったものも少なくありません。しかし、許認可権を独占する中央官庁との交渉が企業活動に大きく影響する日本では、必然的に企業は官庁が集中する東京に拠点を移さざるを得なかったわけです。

こう考えると、仮に大阪において大阪市を廃止して大阪府に吸収しても、上記の条件を満たさなければ、東京が担ったような「日本をけん引する」立場にはなり得ないとも考えられます。大阪市がその権限を大阪府に移譲したら、東京に本社を移した企業は大阪に戻るのでしょうか？　それはどのような仕組みによって実現するのでしょうか？　その点についての議論は、明確にはなっていません。

ちなみに、前述の特別区制度調査会は、現在の23区の新たな形態を議論しています。それは、23区の区長を代表する合議体を作るというもので、例えて言うと欧州におけるEU会議のようなものがイメージできます。それは必ずしも東京市の復活ではありませんが、特別区がばらばらに活動をするのではなく連携するものになるというのが特別区制度調査会の説明です。

現在も議論は続いているということですが、そうした流れを考えると、都構想は幾分ややこしい話になってきます。仮に、都構想が大阪で実現したとして、その時には、モデルとなった東京都は別の制度に移行している可能性もあるということです。もちろん、東京がどう変わろうが、大阪を今の状況から変えたいという考え方はあり得ます。ただ、こうした東京の動きは、都区制度にも問題があることを示している可能性があります。

以上、松井候補の発言に関してファクトチェックしたわけですが、当然、ファクトチェックの結果を一言で言い現わすことは困難です。あえて評価すれば、「説明不足な発言」ということになるでしょう。

●ファクトチェック記事への反応

これらのファクトチェックの結果は記事として発表しました。そして、数万規模でのアクセスを得ています。その結果、記事の賛否をめぐってネットは騒がしくなりました。取りまとめた私への批判が、ツイートで相次ぎました。

その多くが都構想を支持する人からのもので、感情的なものが多かったことは事実です。「反維新の左翼ジャーナリスト」とか「共産党の匂いがする」といった書き込みも見られました。ただ、中には冷静な批判もありました。

そういう意見に対しては、「是非ご意見、ご批判をお聴きしたい」とこちらからアプローチさせてもらいました。その多くはこちらの問いに反応はありませんでしたが、反応してくれる人もいました。

これがそのツイートです。

「説明不足みたいな生易しい言葉で評価してええの？　一方の柳本氏に対しては、言葉尻を針小棒大に取り上げられているし。「現職」と「新人」で両論併記的なことするからこうなる」

これに対して、私は次のように意見を書き込みました。

「ご意見有難うございます。説明不足という評価は甘いという意味でしょうか？　ファクトチェックはまだ試行錯誤の段階です。ご意見を頂きつつ改善したいと思います」

これに対して次のような回答が寄せられました。

「ご本人からのリプライ、ありがとうございます。都合の悪いこと（特別区制度と経済発展に因果関係がない）を意図的に隠ぺいすること、ただ東京を引き合いに出して煽っているだけのことを「説明不足」と表現するのはいかがなものかと感じましたもので」

もっともな意見だと思いました。ただ、これは難しいのは、松井候補が語った「東京は1943年に東京都にかわりました。それから80年弱が経過して、まさに一極といわれる日本をけん引する、成長する大都市になったわけです」という言葉自体は事実です。「ファクトチェック大阪」は、これを更に踏み込んで、この言葉の分析を試みたわけですが、それがファクトチェックとして妥当かどうかは議論が分かれるところです。

私からは、「つまり、もう少し厳しい表現で批判すべきということですね。ご意見を参考にさせて頂き、今後に生かしたいと思います。有難うございます」と返信させていただきました。

この松井候補へのファクトチェックは後述するような通常のファクトチェックとは異なります。その点を厳しくついた批判もありました。

「この記事はファクトチェックの矩《のり》を超えていると思う」

この批判は的を射たものと言えます。従来のファクトチェックよりも踏み込んでいるからです。

ただ、ファクトチェックはある程度の幅でのルールはあるものの、その手法、形式については模索が続いています。どれがファクトチェックでどれがファクトチェックではないか、は簡単には決められません。ただ言えるのは、事実についてのみ確認するということです。この批判については、「詳しいご意見をお聴きしたい」との旨の返信をさせていただきましたが、残念ながら反応はありませんでした。

もちろん、批判ばかり寄せられたわけではありません。例えば、「維新が支持される理由は分かるけど、都構想の必要性と（その）実現後に何が変わるのか見えない」というツイートなどは、政治的な立ち位置を離れて事実に着目するという「ファクトチェック大阪」の意図が伝わったケースだったかと思います。こうした意見も多く寄せられ、勇気づけられました。

●飛び交うネットでの偽情報

以上、候補者の発言についてのファクトチェックを紹介しました。ただ、今回の選挙で目立ったのは、ＳＮＳでした。ツイートです。事実と異なる、あるいは事実かどうか明確でない情報の拡散が見られました。なかには大阪市長選挙に立候補している大阪維新の会の松井代表が拡散させているものもありました。

そのひとつをファクトチェックしました。これが問題のツイートです。「アノニマスポスト」というサイトが拡散させていました。

【大阪Ｗ選挙】大阪府知事選挙　吉村候補にデマを指摘され、ふてくされる小西候補～ネットの反応「嘘がばれて背中向けるって、子供か！」「吉村候補の引き立て役になってるｗｗｗ」「大阪府民は全員この映像を見た方が良い」

これは関西テレビのニュース番組「報道ランナー」（3月21日放送）での吉村候補と小西候補とのやりとりについて書き込んだものでした。そこには、前を向いて話す吉村候補に小西候補が顔を背けているように見える画像が張り付けてありました。それが、小西候補が「嘘がばれて背中を向ける」という書き込みの根拠となっているわけです。

これが本当なら、小西候補は大人気ない人物ということになります。実際、そうした書き込みが拡散されていました。

これは本当なのか？「ニュースのタネ」の記者に実際のニュース映像を確認してもらい、それを文字化してもらいました。前述したとおり、ファクトチェックの作業では、まず文字化が必須となります。

司会：4つ（の区に分けること）に余計にかかるお金が増えていないという（小西候補の）ご指摘はいかがですか。
吉村候補：小西さんは1500億円かかると言われたんですが。
小西候補：違います、違います…。
司会：まずは吉村さん。
吉村候補：初期コストで1500億円かかると言われたんですが、これは間違いです。まず、初期コストですね、500億円の初期コストで、よく1500億円と言われるんですが、15年のランニングコストがかかるのをまとめておっしゃってますね。ただ、これはコストとは思っていなくてですね。これをすることで4つの特別区ができますから、例えば、今1つの教育委員会ですよね、それが4つの教育委員会ができます。500の学校を僕が、1つの教育委員会で見てますけど、その500の学校を4つに分けてより身近に見ていける。つまり、これは住民サービスの拡充に広がる。僕はそういうふうに思っています。

コメンテーター：とすると、4つに分けても収支不足は発生しないと。

吉村候補：発生しません。そういう制度設計です。

司会：入ってくるべき交付税が入ってこないという指摘はいかがですか。

吉村候補：交付税に関しては、これは大阪市、大阪府どっちも交付税もらっているんですけども、その範囲内で制度設計していますから、増えも減りもしないんです。

司会：あらためて小西さん、付け加えることがあれば？

小西候補：今の1500億というのは全然関係ない話で、分割によるコスト増が見られていないですよね。入ってくるコストの範囲で制度設計をしてるということは、コスト増の部分は住民サービスが下がるというのとイコールなんですよね。入りは変わらずに、出の部分は従来の行政サービス・プラス・コスト増部分があるわけですから、それをどうするかという部分をお答えいただかないとサービス水準が維持できるかどうかの答えにはならないんですね。

以上が文字おこしの内容です。吉村候補の指摘は、小西候補が４つの特別行政区を作る際に庁舎の新設などで１５００億円かかると語った際に「初期投資」と言ったことに対する反論でした。ツイートの「デマを指摘され」の「デマ」とは初期投資の１５００億円がランニングコストも含んでいるという点を小西候補が言わなかった点を指していると見られます。

ところが、キャスターの横のボードにその点が詳述されており、小西候補もその吉村候補の主張には反論はしていません。小西候補が１５００億円を「初期投資」と言った点は正確さに欠けたと言えるかもしれませんが、「デマを指摘され」たというほどの内容とは考えられません。小西候補が「ふてくされる」必然性があるとは思えません。

また、番組を見ると、小西候補は一貫してキャスターの方を向いていることがわかります。その是非はともかく、小西候補の向きが一時的な吉村候補とのやり取りによるものとは考えにくく、「嘘がばれて背中向けるって、子供か！」との指摘には無理があると言えるでしょう。

●巧みなフェイクニュース

整理しましょう。

まず、「吉村候補にデマを指摘され、ふてくされる小西候補」という指摘は事実とは認められません。また、「嘘がばれて背中向けるって、子供か！」の「ウソがばれて背中向ける」についても事実とは認められませんでした。従って、このツイートは、主張に都合よく画像を切り取って事実と異なる虚偽の情報を流したものと言えます。つまり、フェイクニュースです。

アノニマスポストに我々で問い合わせを試みました。反応はありませんでしたが、私たちがこの内容を記事にした後、このツイートを削除していることが確認されました。

このツイートは６９００回以上（3月25日6時現在）もリツイートされており、前述のとおり、大阪維新の会の松井代表もリツイートして拡散させていました。このため、このリツイートについて大阪維新の会に問い合わせたところ、「指摘を受けてあらためて確認したところ誤解を生む内容だとわかり、削除した」との回答が寄せられました。松井代表も不適切なツイートだと認めたということで、ツイートを削除しました。賢明な判断だったと思います。

このツイート騒動について被害にあった小西候補の事務所を「ニュースのタネ」の鈴木記者が取材しました。それに対して以下のコメントが寄せられました。

「テレビの討論会の全景画面を普通に見ていれば、小西候補は司会者に向けてパネルの数値などを見ながら説明していることは明らかです。それを、全景画面を示さずに一部のみを切り取って悪罵を投げつけるのは、悪意が感じられます」

ただ、小西候補の側にも問題がなかったわけではありません。ツイートの、「吉村候補にデマを指摘され」の「デマ」とは、大阪府知事選挙の争点である大阪都構想について小西候補が、初期投資として1500億円かかると発言した部分を指しています。吉村候補が「初期投資は500億円であり、1500億円には15年分のランニングコストが含まれている」と指摘したことが、「デマを指摘され、ふてくされる」との虚偽の内容につながっているからです。

これについても小西候補の認識を質したところ、小西候補の事務所は、「初期コストも含め1500億円と認識しています。このことは、吉村候補の説明や、テレビ局のパネルでも表示されているとおりです」との回答でした。つまり、小西候補が「1500億円」

と語ったものは、初期投資と15年分のランニングコストを含むとの認識だったということです。

そうすると、小西候補の番組での発言も正確でなかったことになります。小西候補は明らかに「初期投資」と言ったうえで１５００億円と言っているからです。初期投資が１５００億円なのか５００億円なのかは、決して小さな話ではありません。これはファクトチェックでは、「誤り」と判定されるもので、その点は小西候補も注意すべきでしょう。もちろん、小西候補の発言がどうであろうとも、虚偽の情報を拡散させる行為は正当化できません。

他にも、「維新が負けると地下鉄（大阪メトロ）の料金が上がる」といったツイートもありました。大阪メトロに問い合わせたところ、「大阪市は大阪メトロの１００％株主ですが、大阪市に値上げの権限はありません。株主として値上げをしてほしいという意見は言えますが、権限はありません。鉄道運賃は、経営をおこなっていくうえ、必要な原価を客が払うという考えのもと、国の認可を得て決定されるため、選挙に影響されることはありません」との回答でした。大阪メトロは昔は市営地下鉄ですが、今は民営化されています。これは常識的に考えればよい範疇の話とも言えるので、取り上げることはしませんでした。

似たケースでは、「維新が負けると高校の無償化がなくなる」というものもありました。10人に満たない「ファクトチェック大阪」で全てを確認するのは困難です。今後、更に多くのファクトチェッカーに集まってもらう必要があると感じています。

選挙は松井候補、吉村候補の勝利で終わりました。この結果を踏まえて、NHKなどマスメディアは「都構想の実現に弾みがついた」などと報じています。

しかし、ファクトチェックの結果から見て、このまま都構想の実現に向かって走り出せるとは思えません。都構想を推進する側もそれに反対する側も、もう一度、事実を検証する作業の中でより良い方向に向かって欲しいと願うばかりです。

6章 ファクトチェックの国際的な潮流

ファクトチェックに関して、日本は各国からかなり遅れをとっているのが実情です。それをどう評価するかは人によって異なるでしょう。ある人は、それは、ファクトチェックが必要ないほど虚偽の情報が、日本では出回っていないと考えるかもしれません。また、ある人は、日本の社会は事実かどうかより、周囲と同じ意識を共有することの方が重視されるので、ファクトチェックという取り組みが重視されなかったと考えるかもしれません。

その分析は専門家に任せるとして、ここでは日本以外の各国の状況を見てみます。

●国際ファクトチェックネットワークと世界ファクトチェック大会

ＦＩＪの取り組みに私が参加しようと本気で考えたのが、スペインのマドリッドで開催された第4回世界ファクトチェック大会（Global Fact4）だったことは既に書いたとおりです。

これは「国際ファクトチェックネットワーク＝International Fact Check Network（以降、ＩＦＣＮ）」が年に一度、場所を変えて開催しているものです。２０１４年に最初の大会がイギリスで開かれています。

大会は世界のファクトチェッカーのための一大イベントでした。各国、各地での取り組みが発表され、その発表に基づいて議論がおこなわれました。その熱気に驚かされました。ＩＦＣＮによると、53の国や地域から１８８人が参加していましたが、これはこの段階での過去最大の参加者数でした。

注目されたのは、フェイクニュースの問題に悩むフェイスブック、グーグル、ウィキペディアの幹部らが参加し、ファクトチェック団体との連携が話し合われていたことです。こうした検索エンジンがフェイクニュースに悩まされていることは知られていますが、この大会でファクトチェッカーとの連携が話し合われたのです。これも日本にはない動きで、完全に日本が世界の後塵を拝していることを感じさせました。

主催しているＩＦＣＮはファクトチェックの技能向上などを促進する目的で２０１５年

にアメリカのフロリダにある非営利団体であるポインター研究所が創設しました。

設立時から代表を務めていたのはイタリア人のアレキシオス・マンツゥアレス氏でした。国連職員だったということで、ジャーナリストとしての経験はないということでした。

「たしかに、私はジャーナリストの経験を積んでいません。いま、私をジャーナリストと呼ぶメディアもありますが、私はジャーナリストではありません。ファクトチェックという活動をするのに、ジャーナリストの経験があれば良いとは思いますが、絶対条件ではありません」

これはヨーロッパのファクトチェック全体に言えることですが、必ずしもファクトチェックの担い手、つまりファクトチェッカーはジャーナリストではありません。研究者、市民グループの活動家など、バックグランドは様々です。

この大会は2018年にはイタリアのローマで開かれ、この時は参加希望者があふれてしまい、多くの人が参加できませんでした。私はこの大会も楊井氏と参加しましたが、ファクトチェックが健全な民主主義の維持に欠くことのできない機能となっていることを、実感させられました。

ヨーロッパのファクトチェック

前述のとおり、ヨーロッパのファクトチェックは担い手の多様性という特徴を持っています。

後述するアメリカはジャーナリストがファクトチェックの担い手となっています。IFCN初代代表のマンツゥアレス氏がそうであるように、ヨーロッパでは、そうではありません。もちろん、新聞やテレビといった大手メディアもファクトチェックを実施しており、ジャーナリストも担い手ではあります。しかし、ファクトチェックを専門におこなう団体では、ジャーナリストに限らず様々な経歴の人がファクトチェックをおこなっています。

イギリスで活動を始めた「ファースト・ドラフト・ニュース」はその代表的な存在です。特にネット上の情報の真偽の確認に力を入れている団体です。代表のクレア・ワーデル氏によると、この団体でファクトチェックをおこなっている人の多くが、ジャーナリストの経験はないということでした。

イギリスには、もうひとつ、「フル・ファクト」というファクトチェック専門の団体があります。ウェブサイトの運営責任者を務めるメバン・ババカー氏によると、フル・ファクトもジャーナリズムの経験者は少ないということでした。

この2つの団体は英語のメディアということもあって、後述する「ポリティファクト」などと並んで世界のファクトチェックをリードしています。日本でのファクトチェックで私が一般市民に参加を呼びかけているのは、このヨーロッパの事例を参考にしてのことです。

つまり、ファクトチェッカーはそのバックグランドとは関係なく、事実を調べることができる人であれば誰でもなれるということです。

ドイツのNPOメディアで調査報道で実績を出している「コレクティブ」もファクトチェックの専門チームを作っており、特にネット上の情報に目を光らせているということでした。ファクトチェックを担当しているデビッド・シュラーブン氏は次のように話しました。

「ドイツ国内で中東からの難民が暴動を起こして教会に火を放ったという映像情報がインターネットで広がりました。それを調査したのが我々のファクトチェックのきっかけでした。

調べたところ、デモはありましたが、それは難民の入国を求める正当なもので、暴動と表現されるような暴力的なものではありませんでした。教会の放火というのも全くのでたらめで、たまたまデモがおこなわれた近くの教会でボヤが発生したという事実を抱き合わせて作り出したフェイクニュースでした」

インターネット上に流れるフェイクニュースへの対応は日本でも急務となっています。

そういう意味でも、ヨーロッパのファクトチェックからは学べる点が多いと言えます。

●世界がモデルとするアメリカのファクトチェック

アメリカでは大統領選挙での候補者の発言の事実確認を中心に、ファクトチェックが古くからおこなわれていました。1920年代に雑誌社で記者が書いた内容について誤りがないか外部の第三者に確認してもらう作業をおこなったのが始まりだと言われています。

しかし、ファクトチェックという活動が広く知られるようになったのは2000年に入ってからです。前述したとおり、私が初めてファクトチェックという取り組みを知ったのはアメリカにいた2011年のことです。

2003年に「ファクトチェック・ドットコム」が設立されています。これはペンシルバニア大学が設置したもので、大統領や議員の発言について重点的に調べています。特に、トランプ大統領については就任後1年間に語った数字について事実確認をおこなって発表しています。2007年にはフロリダの地方紙、タンパベイ・タイムズがファクトチェックを始めています。これがポリティファクトの前身です。同じ年に、ワシントン・ポスト紙もファクトチェックを始めています。

アメリカのファクトチェックは基本的に、ジャーナリズム活動の一部としておこなわれています。ここには、ジャーナリズムを常にあらゆる観点から検証しようとするアメリカのジャーナリスト達の日々の度量を見る思いがします。

ただ、ファクトチェック・ドットコムは必ずしもジャーナリストのみでファクトチェックをおこなっているわけではありませんが、後述するように、ヨーロッパでは必ずしも、ジャーナリストのみによっておこなわれるものとは理解されていません。

まず、ポリティファクトを見てみたいと思います。ウェブサイトには、トランプ大統領に対するファクトチェックの集計が記載されています。

True（事実）5%

Mostly True（おおよそ事実）12%

Half True（半分事実）14%

Mostly False（ほとんど誤り）21％
False（誤り）33％
Pants on Fire（全くの嘘、はったり）15％

私たちＦＩＪがレーティングによってファクトチェックを判定しようと思ったのは、このポリティファクトの例を参考にしたものです。それはＦＩＪだけではなく、世界のファクトチェック団体がポリティファクトのレーティングを基本に、それぞれの団体、国柄に合ったレーティングを設けています。

このトランプ大統領のレーティングは、「真実」、「おおよそ真実」、「半分真実」、「ほとんど誤り」、「誤り」、「全くの嘘」と分かれています。極めてシンプルです。ただ、シンプルなレーティングは、それだけ調査が精緻でないと、調査結果の判定が困難です。これは経験のあるスタッフを揃えているポリティファクトだから可能なのかとも思います。

ところでトランプ大統領の発言についてのファクトチェックですが、「ほとんど誤り」から「全くの嘘」までを計算すると発言の7割近くになります。これに、「半分真実」を加えると調べた発言の8割になります。つまり、ポリティファクトのファクトチェックの結果、トランプ大統領の発言のうち事実と異なる内容が含まれた発言は8割を超えるとの結果が出たということです。

この団体の創設者の1人で、現在はポインター研究所の代表となっているニール・ブラウン氏は「我々がファクトチェックをしていて驚くのは、この国の最高権力者の発言の多くが事実と異なるということだ」と話しています。

トランプ大統領の支持率は歴代最低を推移している状況です。ロシア疑惑への捜査結果など様々な問題を抱えていることもありますが、ブラウン氏は、その支持率の原因のひとつに、トランプ大統領の発言が常にファクトチェックされていることがあると話しています。

「どのような思想を持つアメリカ人でも、嘘をつく大統領を支持するのは難しいでしょう」

ポリティファクトの評価基準をもう少し詳しく見てみたいと思います。FIJの理事を務める牧野洋氏の訳を参考に、まとめてみました。

事実＝「当該言説は正確であり、重要な事実が抜け落ちていない」

おおよそ事実＝「当該言説は正確であるものの、きちんと説明できているとは言い難い。補足説明が必要」

半分事実＝「当該言説は一部だけ事実。一部の真実に触れなかったり、文脈を無視したりしている」
ほとんどが誤り＝「当該言説は事実も含んでいるものの、決定的に重要な事実を無視しているため、まったく違う印象を読者に与えかねない」
誤り＝「当該言説は不正確」
完全な嘘、はったり＝「当該言説は不正確であり、滑稽な主張である」

もうひとつ、アメリカで有名なファクトチェックの担い手に、ワシントン・ポスト紙があります。アメリカの有力紙のひとつであるこの新聞もポリティファクトと同じ2007年からファクトチェックをおこなっています。今もファクトチェック専門の記者がいて、大統領や有力国会議員の発言などをチェックしています。

この新聞のファクトチェックで有名なのはレーティングです。レーティングをピノキオの数で示しているからです。これも牧野氏の訳を参考に、まとめてみます。

1ピノキオ＝「不都合な事実をところどころ隠している。都合のいい事実だけをつまみ食いしている。意図的に一部事実を省略し、一部事実を誇張している。ただし、まったくの嘘ではない」
2ピノキオ＝「行き過ぎた事実の省略（あるいは誇張）がある。事実誤認が含まれる場合もあるが、必ずしもそうとは限らない」
3ピノキオ＝「重大な事実誤認や明らかな矛盾がある。これは「大半は嘘」に分類できる」
4ピノキオ＝「大嘘」

面白いのは、アメリカの議員の発言の中で、「彼の説明は4ピノキオだ」といったものが見られることです。つまり、「4ピノキオ」が「大嘘」と同義語になりつつあるということです。
この評価を見てもわかるのは、米国では政治家の発言に対するファクトチェックが主要な取り組みとなっているということです。

●活発化するアジアのファクトチェック

アジアでのファクトチェックの取り組みは比較的最近の動きです。しかし、急激にその活動を活発化させています。

比較的早く活動を始めたのはフィリピンで、「ベラ・ファイルズ」というＮＰＯ団体です。フィリピン大学のイヴァン・チュア准教授が主宰しています。チュア准教授によると、２０１６年の大統領選挙でその存在が注目されたといいます。

「今のドゥテルテ大統領が当選した選挙では、様々な情報がネット上で乱れ飛びました。そのため、新聞はそうした発言を追うだけで、その真偽の確認に力を入れませんでした。このため、私たちの活動に注目が集まったのです」

フィリピンはアジアでファクトチェックの取り組みが盛んになったひとつの典型的な事例と言えます。それは政治の腐敗とそれに対応できないマスメディアの脆弱さです。ですから、そうした国では大学やＮＰＯがファクトチェックの担い手となっています。

そうした動きと異なるのは韓国です。

韓国では、朴槿恵大統領の不正をきっかけに新聞、テレビがファクトチェックを活発におこなうようになりました。そして、それが新たな動きを生みます。

２０１７年1月にソウル大学に作られた「ＳＮＵファクトチェックセンター（以下、ＳＮＵセンター）」の活動です。これは、それまで個別にファクトチェックをしてきた各メディアのファクトチェックを束ねて、SNUセンターとしてファクトチェック記事を提供するという取り組みです。

日本のNHKにあたる公共放送KBSやニュース専門テレビのYTNといったテレビ、東亜日報や朝鮮日報といった主要紙などのメディアが参加しています。また、2018年からはIT企業のネイバーから3年間にわたって日本円で毎年約1億円が支援されるなど、極めて恵まれた環境が作られています。

2019年3月27日、SNUセンターに事務局長のチョン・ユンリュン氏を訪ねました。ちなみにフィリピンのイヴァン・チュア氏も韓国のチョン・ユンリュン氏も女性です。ファクトチェックの世界は女性の活躍が目立つとも言えます。

ソウル大学コミュニケーションセンター5階の個室で出迎えてくれたチョン・ユンリュン事務局長は元東亜日報の記者で、現在はSNUセンターの事務局長をしつつ、学生にジャーナリズムを教えています。

「おととい（3月25日）、コリア・ファクトチェック大賞の授与式を終えたばかりです。これは去年1年間で最も価値のあるファクトチェックをした団体に与えられる賞で今回2回目です。今回はKBSテレビ、SBSテレビ、NPOメディアのニュース・タパに授与しました。ホテルでのパーティーなので、準備など大変でした」

受賞団体には800万ウォン（約80万円）とトロフィーが授与されたとのことです。SNUセンターが創設されたのはFIJより半年ほど早いだけですが、その差に愕然とせざるを得ませんでした。

チョン・ユンリュン氏の事務局長室は、個室のオフィスですが、別にもう1つ作業部屋がありました。そこにはパーテーションで仕切られた4席が置かれていました。そこがセンターの作業場です。9人の学生スタッフ（院生）が、各メディアから送られたファクトチェック記事がSNUセンターの決まりに沿っているかなどをチェックし、問題がなければウェブサイトに掲載します。それらはデータベース化され、現在は1200のファクトチェックがデータベース化されているということでした。

また、SNUセンターでは、ファクトチェックをおこなうマスメディアへのスタッフ派遣もしているそうです。現在、SNUから派遣された21人が新聞やテレビのファクトチェックチームでスタッフとして働いているとのことでした。

派遣されるスタッフは学生で、ソウル大学の学生に限らず、希望してファクトチェックについて学んだ学生が登録されて派遣されるということでした。有給で、人気が高いため、最近の派遣では、競争率は10倍だったということです。

加えて、各ファクトチェッカーへの財政的な支援もおこなっているとのことです。「大手メディアに支援をするのか？」との問いに、「ファクトチェックは利益を生まないので、こちらのセンターで各社のファクトチェックの取り組みに対して資金を出しています」と話しました。

何とも羨ましい状況ですが、チョン・ユンリュン氏に、目下の課題を尋ねてみました。すると、財政的な問題だと話しました。

「ネイバーからの寄付は3年で、今年で2年目となります。その後にどうするかが目下、最大の課題です。ネイバーに財政支援の継続を求めていますが、どうなるかはわかりません」

もうひとつ語ったのは政権の関与でした。チョン・ユンリュン氏によると、文在寅政権は、ネット上のディスインフォメーション対策に頭を悩ませており、一時期、法的な規制を検討したこともあるそうです。

結果的に、「これは言論の自由の観点でなくなりましたが、それもあって、政府からSNUファクトチェックセンターに対する期待が出ています。もちろん、我々は政府と一緒に何かをやることはあり得ません。政府の財政的な支援を得ることもありません。ただ、政府からの様々なアプローチが予想されるので、慎重に見極めないといけません」と話していました。

●そのほかの地域

中南米でもファクトチェックは盛んにおこなわれています。

特に中心的な役割を担っているのがアルゼンチンの「チェッカード」です。チェッカードとはスペイン語でチェックをおこなうという意味で、2010年に設立され、主に政治家の発言や政府の発表を対象に事実と異なる内容がないか確認をしてきました。弁護士で創設者の1人でもあるラウラ・ゾマール代表は、「政府の管理している公的なデータの多くが事実かどうか懸念されたのが設立のきっかけだった」と話しています。

アフリカでは「アフリカ・チェック」というファクトチェック団体が活発に活動しています。極めてユニークな取り組みを見せています。

始まりは2012年で、最初に南アフリカの大学に設置されました。その後、セネガル、ナイジェリア、ケニアに相次いで設立され、現在はこの4か国でファクトチェックをおこなっています。南アフリカ、ナイジェリア、ケニアは英語ですが、セネガルは公用語のフランス語でファクトチェックをおこなっています。

このアフリカ・チェックは、他のファクトチェック団体の良い取り組みを見習って、更に質の高いファクトチェックをすると定めています。

ファクトチェックは、最も早く取り組んだアメリカでもまだ、模索が続いています。ですから、その国にあった実効性のあるファクトチェックを考え出す努力は重要です。アフリカ・チェックの姿勢からは見習うべきことが多いと考えています。

例えば、アフリカ・チェックが使っているレーティングです。

「正しい」、「ほとんど正しい」、「証明が不十分」、「ミスリーディング」、「誇張がある」、「説明不足」、「正しくない」、「嘘」となっています。世界のモデルだと説明したアメリカのレーティングに比べて、評価が細かく分かれていることがわかります。

これについてアフリカ・チェックのケイト・ウィルキンス氏は、「当初はアメリカの事例を参考にしてファクトチェックをおこなっていましたが、ファクトチェックをする中でレーティングが細分化していきました」と話していました。

これはファクトチェックを実際にやってみた経験で言うと、極めて正直な感想であり、かつ賢明な判断だと思います。アメリカのように公人が批判されることに慣れている社会でないと、なかなか一刀両断にファクトチェックをおこなうのは難しいのです。ＦＩＪが新聞労連などと統一のレーティングを作る際、最も参考にしたのはこのアフリカ・チェックのレーティングでした。
アフリカ・チェックは5つの原則を掲げています。それも見ておきたいと思います。

①私たちは事実の言説をファクトチェックによって検証する。
②（真偽の）立証の責任は（情報の）発信者にある。
③（社会的に）重要なことをファクトチェックの対象とする。
④その時々の最も信頼できる証拠に基づいてファクトチェックをおこなう。
⑤新たな証拠が出た際には早急にファクトチェックの内容を見直し（必要があれば）修正する。

アメリカのファクトチェックをモデルに始まったアフリカ・チェックは、良いものは次々に取り入れ、その一方で原則は守り続ける、そうすることでアフリカ独自のファクトチェックを作り出そうとしているのです。そういう姿勢も含めて、見習うことの多い取り組みです。

あとがき

シンガポール政府に続き台湾政府が、ネット上のフェイクニュースに法的な規制をかけることを決定しました。

新聞労連の南彰委員長の話でも出ましたが、可能ならネットの規制に乗り出したい、とあらゆる政府が考えていても不思議ではありません。また、我々市民の側でも、それを求める声がないとは言えません。

ただ、これは極めて危険な状況に社会を突き動かす恐れがあることは既に書いたとおりです。当初の目的が純粋に氾濫する虚偽情報の排除にあったとしても、それは徐々に民主主義社会の原則である表現の自由や報道の自由を蝕んでいくものとなるでしょう。法規制は必然的にそれを可能にするものとなるからです。

そうしたなかで、2章で触れたＡＩを使ってフェイクニュースを収集する仕組みは、市民の側が自らの力でフェイクニュース対策をおこなうことに道を開くものと言えるかもしれません。ＦＣＣ（Fact Check Console）と名付けられたシステムです。これに対する期待は大きいと言えるかと思います。

このシステムを構築した主要なメンバーは、ＦＩＪ（FactCheck Initiative Japan）事務局長の楊井人文氏、スマートニュースの藤村篤夫氏、東北大学の乾健太郎氏の３人です。

楊井氏は長年の大手メディアの記事の検証作業のなかで、検証作業にとって最も困難なのは入口だと気づいたということです。つまり、間違いをどう見つけるかということです。それには、人をつけて、新聞、テレビの情報をチェックしてもらい、そこから問題のあるニュースを見つけてもらう必要があります。大変な作業ですが、それがなければ、そもそもチェックのしようがないわけです。

そんな時、アメリカでデューク大学などが開発したクレーム・バスターというシステムを知ります。それがまさに、ＡＩを使ってネット上の虚偽情報を収集するというものでした。実際にそれがどう機能するのかも見た楊井氏は、これを日本でおこなうべきだと考えたということです。そして、藤村氏、乾氏とタッグを組んで開発に乗り出しました。

しかし、この仕組みに欠かせないのが機械学習です。ＡＩに、何が虚偽情報なのかを教え込まなければなりません。それを1人で担ってきた人物がいます。山下亮氏です。楊井氏が大手メディアの誤報をチェックするために立ち上げた日本報道検証機構（ＧｏＨｏｏ）で、その情報収集にあたっていました。

山下氏の作業とはどういうものだったのでしょうか。

「ＦＣＣの機械学習は２０１８年1月下旬から始まりました。毎日、ＦＣＣが拾ってくる情報をチェックして、それがファクトチェックの端緒となる疑義のある内容なのか、無関係なのかを確認して、それを伝えます」

システムにある「端緒」「無関係」のいずれかをクリックするという作業です。山下氏は次のように説明してくれました。

「例えば、「お詫びをして訂正させていただきます」とか「この見出しは誤解を招く」といった文言があれば、それはファクトチェックの対象となる可能性があります。つまり、端緒情報となります。そういうものをＡＩに教え込んでいくわけです」

それは孤独な作業でした。当初は、「なんでこんなわけのわからない情報を拾ってくるのか」と腹が立ったこともあったと言います。それでも、山下氏は作業を続けました。

「1日10時間くらいやっていたこともあります。トイレにトイレ用のパソコンを置いてトイレでも作業した他、風呂場には防水を施した端末を持ち込んでやりました」

それが半年ほど続いた時、ＡＩの機械学習能力に目に見える変化が出てきたと言います。

「２０１８年10月、11月くらいからだと思いますが、すごく良くなってきたんです。嬉しくなりました」


大阪ダブル選挙の時のケースで言えば、膨大なツイッターの中からアノニマスポストが拡散させたフェイクニュースを瞬時に拾っています。その結果、私たちはいち早く、これについてのファクトチェックをおこなうことができ、その結果、拡散を止めることに成功したわけです。機械学習は更にＡＩの能力を高めています。

「ツイッターだけでは漏れがあるので、他のメディアの情報は人の力で収集してクレーム・モニターに掲載しています。ただ、人々が何か問題を感じると、ツイッターにあげるケースが多いので、ツイッターをチェックすることによってカバーできる範囲はかなり広くなります」


例えば、新聞記事やテレビのニュースに疑義があったとします。それは多くの場合、誰かがツイッターでつぶやきます。必然的に、それはＦＣＣのＡＩに把握されることになるということです。

「当然、ツイッターにあがらないものもあります。そういうものは人が見つけて、それを教えこんでいきます。それによって、更にＦＣＣのＡＩの機械学習能力は飛躍的に上がることになるでしょう」

ただ、山下氏も、ＦＣＣの役割は疑義情報の収集でしかなく、実際のファクトチェックは人でなければできないと感じています。

「ファクトチェックをＡＩがおこなうというところまで行くのはかなり難しいと思います。でも、それで良いのではないかと思います。ＡＩはあくまでもファクトチェックの補助的な機能だと考えた方が現実的だと思います」

ＡＩで疑義情報の絞り込みという仕組みを実現させた楊井氏ですが、現状について次のように話しています。

「これまで人力でやってきました。それをＡＩを使うことで大幅に効率的に、人的な負担をかけず、本来のファクトチェックに人を割けるようになってきています。ファクトチェックをおこなうためのツールとして使えるという確信を得ました」

ＦＩＪのこれからの活動については、既にいろいろとアイデアを持っているようです。

「まず、世界のファクトチェックに関係するニュースを紹介する取り組みを始める予定です。ファクトチェック白書をまとめたいと考えています。これまでの状況などをまとめた内容になります」

さらに、国際的なファクトチェックの連携も模索しています。これは私も関わって進めているものですが、例えば、日本、韓国、台湾といった東アジアの国と地域のファクトチェッカーが互いの関連する内容について疑義のある情報を見つけて事実を確認する取り組みをおこなうなどです。更に東南アジアのファクトチェッカーとの連携も視野に入っています。

入管法の改正で外国人労働者に門戸を開く状況で、労働者を派遣する側の国のファクトチェッカーと私たち日本のファクトチェッカーがそれぞれの抱えた問題について事実を確認して公表することも必要になってくるでしょう。

いずれにしても、ファクトチェッカーの養成は急務です。FIJは自らがファクトチェックをおこなうという団体ではありません。ファクトチェックのルール作りや普及のための支援がその目的です。

楊井氏はFIJの仕組みを充実させることは重要だと感じていますが、自らがファクトチェッカーとしてリードしていくことも重要だと考えています。

では、私はどうでしょうか？　私も楊井氏と同じです。可能な限り多くの人にファクトチェックについて伝えると同時に、自ら率先してファクトチェックをおこなっていきたいと考えています。新聞労連の南委員長やほかのメディアの代表らとのネットワークも大事ですが、いずれにせよ、ファクトチェックを実践していくことが最も重要になります。

ファクトチェックは一定の訓練を受ければ一般の人でもできるものだと強調してきました。それでも、耳学問で覚えられるものではないのも間違いありません。実際におこなうことで壁にぶつかることはあります。そうした経験によって更にファクトチェックへの理解が深まるわけです。それは、ＡＩの機械学習と同じことかもしれません。でも、ＡＩが確実に前進しているように、ファクトチェッカーも体験することで更に上のレベルに行けることは間違いありません。

そして、多くの人がファクトチェックを経験するようになると、どうなるでしょうか？想像してみてください。それは、多くの人が事実を確認することの重要性を認識する社会の実現です。事実がどうであれ政治的な立場や信条にこだわった自説を振りかざすような行為、それが横行することは、もう、なくなるでしょう。

そういう社会では、自分に都合の悪い事実を捨てて、自分に都合の良い嘘に走る人は少なくなるのではないでしょうか？　そうなった時、私たちは実はもうＡＩによって虚偽の情報を収集することさえ必要としなくなるかもしれません。

フェイクニュースがさほど拡散されない社会。フェイクニュースが政治的な武器にも、金集めの手段にもならない社会。その実現は簡単なことではありません。でも、そういう方向に向かって歩み始めてみませんか?

否、みなさんは既に歩み始めているんです。なぜなら、この本を手に取っているわけですから。

2019年5月18日

立岩陽一郎

立岩《たていわ》 陽一郎《よういちろう》

ジャーナリスト。
1967年生まれ。1991年、一橋大学卒業後、ＮＨＫ入局。テヘラン特派員、社会部記者、国際放送局デスクなどを経て、2016年12月に退職し、2017年からフリーランスとして活動。
アメリカン大学（米ワシントンＤＣ）フェロー。認定ＮＰＯ運営の「ニュースのタネ」編集長として、調査報道とファクトチェックに取り組む。
著書に『トランプ王国の素顔』（あけび書房）、『トランプ報道のフェイクとファクト』（かもがわ出版）、共著に『ファクトチェックとは何か』（岩波書店）、『フェイクと憎悪』（大月書店）など。

ファクトチェック最前線

2019年 6 月 1 日　第 1 刷発行©

著　者――立岩陽一郎
発行者――久保　則之
発行所――あけび書房株式会社
102-0073　東京都千代田区九段北1-9-5
☎ 03.3234.2571 Fax 03.3234.2609
akebi@s.email.ne.jp　http://www.akebi.co.jp

組版・印刷・製本／モリモト印刷

ISBN978-4-87154-167-1 C3036

あけび書房の本

元ＮＨＫスクープ記者が王国で見たものは

トランプ王国の素顔

立岩陽一郎著　この裸の王様をアメリカ国民はどう見ているのか？　メディアではあまり報じられていないありのままをルポする。推薦：吉岡忍（日本ペンクラブ会長）、山本浩之（毎日放送ＭＣ）

１６００円

「政府のＮＨＫ」ではなく、「国民のためのＮＨＫ」へ

ＮＨＫが危ない！

池田恵理子、戸崎賢二、永田浩三著　「大本営放送局」になりつつあるＮＨＫ。何が問題で、どうしたらいいのか。番組制作の最前線にいた元ＮＨＫディレクターらが問題を整理し、緊急提言する。

１６００円

なぜ、これほどまでに情けなくなってしまったのか!?

これでいいのか！　日本のメディア

岡本厚、北村肇、仲築間卓蔵、丸山重威著　メディアは真実を伝えているのか？　なぜ伝えられないのか？　メディアの受け手はどうすべきか？　新聞・テレビ・雑誌の第一人者がメディアの今を解明。

１６００円

アベ政治を許さない！

安倍壊憲クーデターとメディア支配

丸山重威著　アメリカと一緒に戦争のできる国日本でいいのか！　平和憲法守れ！　この国民の声は不変です。アベ政権のメディア支配も解明します。今の困難を見据え、これからを闘うための渾身の書。

１４００円

価格は本体

あけび書房の本

新防衛大綱・中期防がもたらすもの
安保法制下で進む！ 先制攻撃できる自衛隊
半田滋著　米国からの武器の爆買い、激増する防衛費、軍事機密の増大、護衛艦「いずも」の空母化だけではない敵地先制攻撃型兵器の拡充。急速に変貌しつつある自衛隊の姿を軍事専門記者が徹底取材。　1500円

安倍政権の「死の商人国家」「学問の軍事利用」戦略
武器輸出大国ニッポンでいいのか
池内了、古賀茂明、杉原浩司、望月衣塑子著　武器輸出3原則の突然の撤廃、軍事研究予算を大幅に拡大、外国との武器共同開発、外国への兵器売り込み、アメリカからの武器爆買い…などの実態告発。　1500円

「戦争のできる国」ではなく「世界平和の要の国」へ
金平茂紀、鳩山友紀夫、孫崎享著　今こそ従米国家ニッポンからの脱却を！ 安保法即時廃止！ 改憲絶対反対！ などを熱く語る。　1500円

アベ「独裁」政権誕生の元凶を廃止しよう！ 世界の多くは比例代表制です
ここまできた小選挙区制の弊害
上脇博之著　得票率50％未満の自公が議席「3分の2」を独占。日本独特の高額供託金と理不尽な政党助成金…。それらのトンデモなさを解明し、改善の道筋を提起。図表・データ多。分かりやすさ抜群！　1200円

価格は本体